콜드 케이스

벼랑 끝으로 한국경제를 몰고 간
5가지 장기 미해결 과제

COLD

콜드 케이스

윤희숙 지음

CASE

천년의상상

한국경제의
성장판이 닫히고 있다

한국경제의 발전은 여기까지라고 믿는 이들이 점점 많아지고 있다. 지금 같아선 발전은커녕 우리가 현재 누리는 삶의 수준을 지탱하는 것도 어려워 보인다. 그런데도 이에 대비하는 사람은 보이지 않는다.

나라를 운영하는 이들의 언행을 보면, 지금 대한민국은 심각하게 걱정할 것도 준비할 것도 없는 속 편한 나라 같다. 하루에도 몇 번씩 '우리가 지금 이럴 때인가' 싶다. 벼랑 끝이 점점 가까워지는데, 숱한 경고음들은 눈과 귀를 가리는 소음들 속에 묻혀 버린다.

지난 수십 년간 우리는 경제 체질의 저하를 경고하는 신호들을 무시해왔다. 원천 기술력과 개인 역량, 자원 배치의 효율성이 모두 뒤처지는, 소위 '생산성 위기'를 자초한 것이다.

그런데 어쩌다 이 지경에 이르렀는지, 어떻게 해결할 것인지는 경제 영역만의 문제가 아니다. 방향성이 뚜렷하고 국민 다수의 신뢰를 받는 좋은 정치가 아니면 지금의 경제 영역에서의 퇴보를 역전시키는 것은 불가능하다. 반면에, 경제가 쇠락하고 계층 간 격차가 벌어지면, 사회의 억눌린 에너지는 증오와 분노의 정치를 만들어 낸다. 경제와 정치의 이중나선구조라 하겠다.

눈만 제대로 부릅뜨면, 아래쪽을 향해 뻗은 이 이중나선구조의 방향을 꺾어 올리는 전 사회적인 각성과 대혁신이 필요하다는 것이 뚜렷하다. 한 시대는 그 사회를 떠받치는 근본적인 환상이 고갈될 때 막을 내린다. 하던 대로 하는 타성만으로도 예전처럼 나라가 발전할 수 있다는 믿음이 국민들 마음속에서 사라진 지 이미 오래다.

개인도 고통을 이겨내는 과정을 통해 진정한 저력이 생기듯 나라도 마찬가지다. 숱한 시련을 헤쳐 온 한국인의 저력으로 눈부신 발전을 이뤘고, 그 힘이 우리 안에 아직 있다는 걸 의심할 이유가 없다.

그러나 해결의 실마리는 언제나 위기를 직시하는 것에서 나온다. 지금 대외적인 위협도 증가하고 있지만, 위기의 본질은 우리 안에서 곪은 문제다. 책임 맡은 이들이 시스템개혁은 미뤄두고 '국뽕' 뒤에 숨어 수십 년간 '광만 판 것'이 위기를 불렀다.

경이로운 압축성장을 이뤘다는 것은 그만큼 무리를 했다는 뜻이다. '압축'은 말 그대로 그냥 뒀으면 이루어지지 않았을 일에 인위적으로 '압력'을 가했다는 것이다. 이때 압력이란 국가가 전면에 나서 권력을 손에 쥐고 일이 되게끔 압박하는 것이다.

시장이 돌아가게 만드는 다양한 제도가 오랜 시간에 걸쳐 민간 중심으로 형성된 선진국과 달리 자생적 토양이 척박했으니 불가피한 일이었다. 죽을힘을 다해 그 방식으로 성공했으니 너무나 감사한 일이기도 하다.

그러나 벌써 졸업했어야 하는 방식이다. 앞세대는 그 외에는 길이 없어 정부가 나섰지만, 그 성과를 이어 나라를 더 발전시키기 위해선 국가가 시장 주체들이 맘껏 뛰도록 자리를 비켜주는 경로를 지혜롭게 설계했어야 했다. 그런데, 민주화 이후에는 여야 정치권까지 가세해 민간의 팔을 더 비트는 나라가 됐다.

냉정하게 말해 한국은 이제껏 제대로 된 시장경제를 경험조차 못했다. 맘껏 경쟁하되 탈락자를 공동체가 보살피는 국가에 대한 신뢰가 우리 마음속에 없다는 건 실제로 현실이 그렇지 않다는 뜻이다.

겉으로는 경제가 성장했고 글로벌 경쟁의 첨단에서 활약하는 것 같지만 아직 제대로 된 시장경제의 토대를 마련하지 못했고, 핵심적인 사회제도를 안정화시키지도 못한 것이 우리의 현주소다. 지난 20여 년간 구조개혁 필요성에 눈감고 귀를 막아 그렇다.

그러니 지금 경제 성장판이 급속히 닫히는 게 놀랍지 않다. 글로벌 첨단에서 경쟁하는 위치에 올랐는데도 예전 개발도상국 시절에 하던 방식을 벗어나지 못했으니 말이다.

성장판을 다시 열고 희망을 되살리기 위해선 그동안 미뤄놨던 숙제들을 하나씩 서둘러 해결하는 것이 유일한 길이다. 여기서 또 실패한다면 한국의 앞길은 날개 꺾인 채 추락하는 독수리와 같을 것이다.

이것 해결 없이는 나라가 한 걸음도 나갈 수 없다 싶은 장애물인데도 불구하고 오랫동안 서랍 속에 방치해 온 미결 과제들을 꺼내 펼치는 것이 이 책의 기획이다.

지금 대한민국은 1940년 6월, 제2차 세계대전 초, 사방이 꽉 막힌 암울한 상황을 솔직하게 터놓고 국민에게 단결을 호소했던 처칠을 생각나게 한다. 그의 표현을 빌려 내 마음을 전하고 싶다.

　"우리 앞에 놓인 어려움을 과소평가할 수는 없지만 많은 것이 우리에게 달려 있습니다. 이것이 대한민국 역사에서 우리 세대에 주어진 소명이며, 그 무게가 대단히 무겁지만, 마음을 단단히 먹고 노력하면 분명 감당할 수 있을 것이라 믿습니다. 대한민국이 앞으로 천 년 더 지속된다 해도, 그때의 후손들이 바로 지금을 '우리 역사의 가장 빛나는 시간이었다'라고 말하게 될 것입니다."

2025년 2월

윤희숙

차례

6. 마음의 역동성을 되찾기 위해

맺음말

1

한국경제,
세 번째 도약이
가능한가

COLD
CASE

대한민국,
곱게 늙는 게 최선인가

한국경제의 지반이 무너져 내리고 있다. 소위 존재론적 위기다. 우리 스스로 유능하고 활력 있으며 날로 발전하고 있다고 생각했던 것이 더 이상 사실이 아니다. 생산성이 정체되고 국민적 역량도 탁월함을 잃어가고 있다는 것을 보여주는 각종 수치들은 그간 쌓아온 우리의 정체성과 자부심, 미래 희망까지 붕괴하고 있다는 것을 드러낸다.

요즘처럼 한국이 잘나가는 건 5천 년 역사상 처음인데 무슨 뚱딴지같은 얘기냐고 반문할 사람도 많을 것이다. 근래 한국에 대한 세계인들의 호감과 호의가 너무 뜨거워 당혹스러울 정도다. 그러나 오래전부터 경제학자들이 모인 곳에서의 최대 화두는 '한국은 곱게 늙어가는 게 최선인가 아니면 아직 혁신과 도약이 가능한가'였다.

사회적 갈등을 조정하는 방법을 익히며 곱게 성숙해가는 것만 목표로 하자는 이들은 이미 한국은 내리막에 들어섰으니, 내리막 경사를 덜 가파르게 관리하는 것에 집중하자고 말한다. 계속 발전해 나갈 역량이 우리에게 없다는 비관인 동시에 곱게 늙어가기만 해도 지금 같아서는 소박한 목표가 아니라 야심 찬 전망이라는 진단이다.

사실 우리나라는 1990년대 이후 10년마다 2%포인트씩 잠재성장률이 하락해왔다. 잠재성장률이란 무리한 경기 부양이나 과열 우려 없이 우리 경제 체력으로 달성할 수 있는 성장률, 즉 경제의 기초 체력이다. 그러니 굉장히 빠른 속도로 우리 경제의 체질이 악화되고 있다는 의미다.

한국은행은 얼마 전 우리 경제성장률이 2030년대 0퍼센트대, 2040년대에는 마이너스로 떨어진다고 예측하였다. 성장이 둔화되는 정도가 아니라 경제가 쪼그라드는 단계가 눈앞에 와 있는 것이다. 미국 대선 후 한국은행이 2025년, 2026년 성장률을 1.9%, 1.8%로 하향 조정한 것도 걱정을 불러일으켰다. 트럼프 행정부의 관세정책으로 수출이 위축될 우려를 반영한 것인데,

잠재성장률이 2%에도 못 미칠 거라는 보도들이 줄을 이었다.

그러나 이들은 맥을 정확히 짚지 못했다. 잠재성장률에 미치지 못하는 것 자체가 큰 문제는 아니다. 경기 순환적 요인이나 일시적 외부 충격 때문일 수도 있기 때문이다. 더 큰 문제는 잠재성장률 자체가 빠르게 떨어져 저성장이 고착화될 위험이 커지고 있다는 점이며, 그보다 더 심각한 건 그런데도 이렇다 할 대응을 못 하고 있다는 것이다. 그러니 '비록 지금은 어려워도 곧 반전'이라는 희망을 가질 수 없다는 게 현재 우리가 직면한 위기의 핵심이다.

소득이 올라가면 성장률이 으레 떨어지는 것 아니냐고도 하지만 꼭 그렇지는 않다. 2010년대 이후로 성장률이 떨어지지 않거나 올라간 선진국들도 여럿이다. 특히 미국은 1인당 국민소득이 8만 불, 우리나라의 2.5배에 달하는데도 잠재성장률이 우리를 역전했을 뿐 아니라, 줄곧 떨어져 온 우리와 달리 오히려 높아지고 있다. 다 하기 나름이다.

일본의 잃어버린 30년을 아주 운 나쁘고 무능한 정책 결과라 치부하는 경향이 있는데, 사실 한국경제의 각종 지표와 예측은 우리가 잃어버린 30년(이 될지 20년, 40년이 될지 모르지만)의 초입에 이미 들어와 있고, 일본보다 더 나쁘게 상황이 전개될 가능성이 높다는 점을 시사한다.

이렇게 성장률이 빠르게 하락하는 1차적인 이유는 날로 악화되는 인구 구조의 영향을 능가할 정도로 앞을 치고 나가는 혁신 부문이 출현하지 않고, 경제 생태계도 경직돼 생산성이 정체됐기 때문이다.

고령화로 인한 노동인구 감소, 미래기술 발굴 실패, 혁신의 싹을 죽이는 무수한 규제, 수평적이지 못한 대기업-중소기업-소기업 관계, 계층 사다리 단절로 인한 사회적 자본 침식 등의 문제는 하도 들어서 돌림노래 같을 정도다.

무엇보다 우리의 자부심에 상처를 내는 것은 한국이 생산성 위기에 직면했다는 진단이 사방에서 들린다는 점이다. 더 이상 남보다 뛰어나지도 기민하지도 않으며 경제시스템도 낙후됐다는 아픈 평가다. 한국경제는 21세기 들어 정체 상태로 부식되어 왔다.

요즘엔 이것들에 더해 글로벌 환경까지 급격히 불리해지고 있다. 미·중 대립으로 인한 지정학적 불안, 공급망 불안정성, 세계화 퇴조 등은 대외지향적 우리 경제구조에 치명적인 불안 요소가 되고 있다. 미국 대선 이후 우왕좌왕하는 우리 모습은 몸 만들기를 미루고 미루다 갑자기 큰 시합이 코앞에 닥친 복싱선

수 같다.

한국경제에 대한 학계의 걱정은 이제 업계로 옮겨붙었다. 2013년에 한국을 서서히 가열되는 '냄비 속 개구리'에 비유했던 글로벌 경영컨설팅기업 매킨지가 2023년 말, 보고서 2탄을 발표했다. 일명 개구리 보고서 1탄에서 그들은 물이 천천히 뜨거워지는 것도 모르고 삶겨지는 개구리처럼 한국도 심각한 위기가 닥쳐오는데 느끼지 못한 채 서서히 몰락할 수 있다고 경고했다.

십 년 만에 발표된 보고서 2탄은 개구리가 이미 반쯤 삶겨졌는데도 상황은 아직 그대로니, 이젠 물 온도가 내려가는 것을 기다리지 말고 개구리를 냄비 밖으로 내던져 큰 틀에서 뛰게 하는 것 말고는 방법이 없다는 내용이다. 사회의 틀을 확 바꾸는 개혁이 아니고서는 지금의 관성을 깰 수 없다는 진단이다.

2024년 가을, 실적이 기대에 못 미쳐 죄송하다는 삼성전자의 사과문이 발표됐다. 더 이상 선도자가 아니라 추격자 위치에 떨어졌다는 것을 인정한다며 기술력과 도전 정신을 되살리겠다는 내용이었다. 언론들의 반응은 천편일률적이었다. 반도체 기업에 필수적으로 필요한 전기나 용수 인프라를 정부가 제대로 마련해줘야 하고, 국가 간 보조금 경쟁에도 뒤처져서는 안 된다는 것이었다.

이해는 간다. 삼성전자는 우리나라 전체 수출의 20% 내외를, 법인세에서 차지하는 비중이 10%를 훌쩍 넘는 큰 기둥이다. 삼성전자란 회사가 휘청거리는 것은 한국경제의 악몽이다. 그런데 삼성전자나 다른 삼성 계열사에서 일하는 지인들 중 정부가 뭔가를 안 해줘서 자신들이 위기에 직면했다고 말하는 이는 아무도 없다. 자신들이 '야성을 잃었다'는 것이 공통된 자성이다. 위험을 기꺼이 무릅쓰며 새롭고 탁월한 것을 만들어 내겠다는 도전 정신이 조직 내에서 사라졌다는 것이다.

이는 한국경제에 대해 전문가들이 내리는 진단과도 정확히 일치한다. 위대한 기업이란 성공에 안주하지 않고 스스로를 끊임없이 혁신하는 기업이다. 위대함의 최대 적이 바로 성공이라는 말이 있을 정도다. 노키아나 코닥처럼 성공한 기업들도 변화의 흐름을 감지하지 못하고 허망하게 무너졌다.

국가도 마찬가지다. 어느 정도 잘살게 된 이후 현상 유지는 저절로 되는 것처럼 스스로 군살과 비계를 깎아내고 혁신하는 노력을 게을리하면 제자리걸음도 불가능하다. 사회가 앞으로 나아간다는 느낌이 사라지는 순간 파이를 키우는 것이 아니라 나누는 싸움에만 열중하게 되면서 질시와 대립이 지배하는 사회가 된다.

저출산·고령화가 본격화된 지가 언제인데, 얼마 안 태어나는 아이들 하나하나를 역량 있고 마음 튼튼한 인재로 키우기 위한 교육개혁은 진척이 없다. 키워낸 청년 하나하나가 잠재력을 최대한 발휘하도록 노동개혁이 필요하다는 것도 떠들기만 했지 십수 년간 한 걸음도 나아가지 못했다. 갈라파고스섬 같은 규제 천국이 새로운 시도들을 막는다고 아우성인데도 달라지는 것이 없다.

지금은 삼성전자 걱정할 때가 아니다. 한국경제가 더 문제인데, 달라지는 것도 없고 해결되는 것도 없으니 우리가 무언가를 다시 해낼 수 있는 국민이라는 것을 더 이상 믿지 않는 사회가 돼버렸다. 도전 정신과 혁신, 패기, 열정은 이제 사전 속에만 있는 단어들 같다.

요즘 이과 수재들은 소득과 명예도 높고 은퇴 연령도 늦은 의사가 되겠다며 모두 의과대학에만 몰린다. 예전에는 이과 수재들이 공대에 진학해 혁신제품을 만들고 큰돈을 벌겠다는 꿈을 꿨다. 그들의 결실이 네이버나 카카오처럼 그간 우리 경제에 그나마 있었던 혁신기업이다.

위험을 기피하는 개인이 잘못이라는 얘기가 아니다. 한 사회의 재능들이 도전이 아닌 안정만을 향하도록 우리 사회 유인 구조와 미래 전망이 뒤틀려 있는데도 이를 방치해 온 게 문제라는 것이다.

고통스럽지만 피할 수 없는 질문은 이것이다. 그동안 우리는 무얼 했는가. 미래를 준비할 책임을 맡은 정책 그룹과 정치인들은 도대체 무엇을 했나. 산업화와 민주화를 거쳐 고속성장을 이뤘다는 성공에 취해 나라의 기본틀을 선진화하고 활력을 유지해야 할 임무를 방기하지는 않았나. 앞세대가 흘린 피땀을 깔고 앉아 국민을 상대로 갑질만 한 것이 아닌가.

그나마 한류가 인기를 끌고 문화적 영향력이 증가하는 것이 큰 다행이지만, 외국인의 호의적인 반응을 위안 삼으려는 우리 안의 성향이 '新국뽕'으로의 도피가 아닌지 우려스럽기까지 하다. 국정감사장에서 아이돌 스타와 셀카 삼매경에 빠진 국회의원들은 나라 걱정을 더 하게 만들었다.

이젠 뼈아픈 각성이 필요하다. 지방 강연에서 만난 한 기업인은 '자신들은 잘하고 있으니 정부와 정치만 잘하면 된다'라고 일갈했다. 단순하지만 너무나 공감 가는 말이다. 장기적이고 구조적인 문제들을 방치해 나라를 침잠시킨 이들부터 관성과 안이함에서 깨어나야 할 때다.

경제의 역동성을 되살리는 것에는 왕도가 없다. 뭔가 새로운 걸 해보려는 시도를 막고 보는 '사또식 마음자세'를 정치권과 정부가 내던지고 공복으로서의 자세를 갖추는 것부터가 시작이다. 시대에 뒤떨어진 개발도상국식 규제 틀을 개혁하고 사회 기풍을 혁신 수용적으로 확 바꿔야 한다.

그리고 그것만큼 중요한 것은 뭔가 시도해볼 마음의 힘을 꺾는 사회 분위기를 일신하는 것이다. 소위 '마음의 역동성'을 회복해야 한다. 교육 사다리, 노동시장 사다리, 자산계층 사다리, 온갖 부러진 사다리들을 부지런히 고치는 노력들이 각 분야에서 이루어져야 하지만, 우선 그 의지를 국가적 차원에서 분명히 하는 전격적인 조치부터 필요하다.

공무원과 정치인, 정책전문가들이 먼저 각성하고 이런 노력을 다함으로써 나라와 국민의 처진 마음을 다시 일어나게 하는 것이 제대로 된 순서다. 특히 민주화 이후에는 예전처럼 소수 엘리트 당국자들의 신념에 기대는 것이 아니라 국민 다수의 공감과 동의가 있어야 큰 폭의 개혁이 가능해졌다. 시대적 과제를 국민에게 잘 알리고 마음을 모아 나라를 앞으로 진전시키는 이들의 역할이 무엇보다 중요해진 것이다. 그러나 지난 20여 년간 진행된 상황을 보면, 이것을 기대하기 어려운 것도 사실이다.

그렇다면 거꾸로 그들을 깨울 수 있는 존재가 각성하는 것

으로 눈길을 돌려봐야 한다. 바로 국민들이다. 소위 지도층이라
는 이들은 관성에 머무르려는 성향이 강하지만, 국민들의 마음
을 잃으면 자신들의 설 자리가 없어진다는 것을 누구보다 잘 아
는 것이 그들이기 때문이다.

그래서 우리 앞의 장애물이 무엇이고 그간 해결하지 못한
병목이 어딘지를 국민 다수가 인지하는 것은 한국경제가 다시
뛰게 하는 첫걸음이 될 것이다. 장애물을 치워야 할 이들이 어떤
이유로 뭉그적거려 왔는지를 국민들이 꿰뚫어 보고 질타해야
책임 맡은 이들을 각성시킬 수 있기 때문이다.

지금은 그동안 장기 미제 상태로 방치됐던 사건들이 쌓여
있는 캐비닛을 열어젖혀야 할 때다. 문제는 방치하면 독약이지
만 잘 대처하면 보약이 된다.

두 번 연속 도약 후
마주한 세 번째 파도

나는 대학에서 한국의 경제발전과정 과목을 가르쳤는데, 개발

도상국에서 유학 온 공무원들이 강의를 많이 찾아들었다. 그들에게 한국이란 나라는 어떻게 해서든 그 발자취를 따르고 싶을 정도로 어마어마한 성과를 이룬 국가다.

그 성과를 한마디로 요약하자면, '두 번의 도약'이다. 빈곤국 함정을 뛰어넘는 첫 번째 도약, 중진국 함정을 뛰어넘는 두 번째 도약이 그것이다. 우리와 같이 빈곤국 그룹에 속했던 많은 나라가 아직 그 그룹에 남아 있고, 중진국으로 어깨를 나란히 했던 국가 대부분도 아직 중진국 그룹을 지키고 있으니 두 번 연속 점프란 대단한 일임에 틀림없다.

어지간한 규모가 되는 국가 중 빈곤국 그룹에서 중진국 그룹으로, 다시 고소득국 그룹으로 두 번의 도약을 해낸 국가는 전 세계에 우리가 유일하다. 흔한 '국뽕'으로 치부할 수 없는 경이로운 성취다. 빈곤국 함정, 중진국 함정 등, 함정trap이라 불릴 정도로 자기가 속한 그룹을 뛰어넘어 상위 그룹으로 옮겨가는 것이 그만큼 어렵기 때문이다.

하여간 이제는 한국이 곱게 늙기만 바라자는 이들에 나는 반대한다. '두 번 한 걸 세 번 못할 이유가 있냐'라고 반문하고 싶다. 세계사적으로 기록적인 성취를 한 데에는 우리 나름의 저력이 있는 것이니 잠들어 있는 그것을 제대로 깨우기만 한다면, 혁신경제로 전환해 세 번째 상승 곡선을 만들어 낼 수 있다는 믿음이다.

2024년 8월 세계은행이 낸 「중진국 함정」이란 보고서는 우리나라를 중진국 함정을 멋지게 벗어나 선진국으로 도약한 '성장의 슈퍼스타'라고 소개했다. 1990년대 두 번째 도약에 관한 이야기인데, 투자Investment, 기술 도입Infusion, 혁신Innovation 등 선진국 진입에 필요한 세 가지를 모범적으로 추진한 사례이며, 모든 중진국 정책담당자가 공부해야 할 글로벌 모범이라 칭찬했다.

그런데 이들의 평가가 틀린 것은 아니지만, 결과만 놓고 칭찬하는 것이라 사실 좀 평면적이다. '중진국 함정'이란 개발도상국이 중진국에 진입한 후 더 이상 성장하지 못하고 정체되는 보편적 현상을 뜻하는데, 우리는 어떤 사연으로 중진국에 진입하자마자 곧 이를 벗어날 수 있었는지에 대한 얘기가 없다.

이 점을 들여다보면, 한국경제의 세 번째 도약이 가능할지, 지금은 그때와 무엇이 달라졌고, 무엇을 해야 할지를 더욱 구체적으로 가늠할 수 있을 것이다.

우선 국민적 사기가 높았다. 빈곤과의 싸움에서 '우리도 잘살아보자' '하면 된다' 했던 분위기가 승리의 기억으로 박혀 '하니까 되네!'로 이어졌다. 중진국 진입 직후 있었던 1986년 아시안

게임과 1988년 서울 올림픽 때의 낙관적 사회 분위기를 기억하는 이들이 많을 것이다.

두 번째 요인은 곧이어 다가온 글로벌 대변동의 흐름을 감지하고 대처한 정책담당자들의 기민함과 패기다. 1990년대는 정보산업을 중심으로 전 세계 산업구조와 기술지형이 천지개벽 수준으로 변화한 시기이다. 글로벌 경제 환경이 크게 변화하는 시기에는 이것에 잘 적응하는 국가와 그렇지 않은 국가 간의 차이가 크게 벌어지게 된다. 1990년대 인터넷, 2000년대 스마트폰 등이 가져온 경제 환경 변화가 그것이다.

새롭게 출현하는 기술이 미래를 변화시킬 파도라 감지하는 이들은 '혁신기업'을 만들어 민첩하게 합류해 거대한 해일을 만들어낸다. 이 해일을 타는 기업들이 많은 나라는 도약하고 남이 만든 해일에 휩쓸리는 나라는 뒤처지게 된다. 변화의 흐름을 남보다 빨리 느끼고 민첩하게 뛰어들어 도약하는 이들이 없다면, 기존 경쟁 구도와 서열이 변할 일이 없다.

1990년대 정보화라는 거대한 파도가 형성되기 시작할 때 우리는 정보산업의 우위를 선점함으로써 혁신 분야의 글로벌 기업들이 태어나고 성장할 토대를 마련했다. 덕분에 나라가 선진국 그룹에 매끄럽게 안착했다. 이런 선점은 어떻게 가능했을까?

당시 세계화를 외쳤던 김영삼 정권은 산업화에 쏟았던 에너지를 전환시킬 곳을 찾으며 세계를 향해 끊임없이 레이더를 작동시켰다. 여기에 포착된 것이 당시 미국 클린턴 행정부의 '정보 슈퍼하이웨이' 정책이다. 미래에는 인터넷 인프라가 도로망 같은 핵심 인프라가 될 것이라는 예측 하에 인터넷과 정보기술 발전에 역량을 집중하고 디지털 인프라에 집중투자하는 정책이다.

그런데 이 방향을 재빨리 수용해 정보하이웨이를 가장 먼저 구축한 것은 우리나라였다. '산업화는 뒤처졌지만, 정보화는 앞서자'가 당시 체신부를 없애고 세계 최초로 정보통신부를 신설하면서 외친 슬로건이다. 정말 패기만만한 구호다.

그러나 국민적 합의가 없었다면 불가능했을 일들이다. 국가와 국민이 모두 새로움을 겁없이 껴안았다. 〈조선일보〉와 〈동아일보〉는 정보화 공동캠페인을 진행했다. 늦게 시작한 산업화도 성공시킨 저력이 우리에게 있으니 정보화의 물결에선 오히려 세계를 앞서가겠다는 국민의 도전 정신이 정부의 투자 지출과 정책을 받쳐줬다.

혁신산업을 위해 관련 규제들도 파격적으로 풀었다. 정부는 한국통신을 민영화하고 통신서비스를 자유화해 민간기업들이 뛰어들도록 환경을 조성하고 기술개발과 인프라 구축에 관한 온

갖 규제를 완화했다. 인터넷 연결률 OECD 1위, 초고속 무선 인터넷 보급률 OECD 1위 등 최고 수준 인프라를 재정 지출로 빠르게 갖춰 갔고, 이를 기반으로 핸드폰, 반도체, 각종 SNS, 전자상거래, 엔터테인먼트 산업 등 한국경제를 선진국 대열로 이끈 산업들이 발전했다.

이것이 어떤 중진국 국가도 해내지 못한 두 번째 도약의 역사다. 그런데 AI라는 거대한 파도가 형성되고 있는 지금, '그때는 그랬었지' 추억만 하면서 세 번째 도약을 미리 포기해야 할까? 나는 그렇지 않다고 생각한다.

폐허 속 빈곤국에서 연이은 두 번의 도약을 해낸 저력이 지금 비록 깊이 잠들어 있을 뿐이니, 국가적인 각성이 필요할 뿐이다. 단, 이를 위해서는 대단히 혁신 수용적으로 움직였던 당시 우리의 행적에서 무엇이 아직 유효하고, 무엇이 달라졌는지 냉정하게 평가해볼 필요가 있다.

무엇보다 새로운 파도를 올라탈 산업이 우후죽순처럼 일어나기를 바라며 오래된 관치의 습성을 포기하고 인프라 투자에 집중했던 것이 중요하다. 그리고 그 필요성을 기민하게 감지하고 민첩하게 행동할 수 있었던 정책 그룹, 정치권, 국민의 열정과 도전 정신 역시 크게 기여했다.

지금과의 공통점은 다시 기술의 대변동기가 왔다는 점이다. AI 기술로 산업구조가 전반적으로 재편되는 시기가 닥쳐왔다는 데 별 이견들이 없다. 근원적 기술로 승부하든, AI 기술을 이용하거나 다른 곳에 접목한 응용산업으로 승부하든, 여기서 기회를 잡아야 우리 경제가 이 거대한 흐름에 올라타 다시 뛸 수 있다.

그렇다면 인프라에 적극 투자하고 그 운동장에 다양한 선수들이 들어와 투지를 불태울 수 있도록 개발도상국 시절의 국가 통제적 규제를 없애고 관치의 그림자를 걷어내는 것은 지금도 여전히 중요하다.

단, 이제는 당시 집중 투자로 마련한 IT 인프라를 누구나 사용할 수 있게 되었으니 새로운 아이디어가 맘껏 뛰놀게 하는 것의 중요성이 더 커졌다. 사회 전체 시스템을 혁신 수용적으로 전환하는 것이 더 절실하다는 것이다.

이제는 정부가 주도했던 도약이 아니라 기업과 개인이 뛰는 것을 정부가 도와 도약을 이루는 방식이어야 한다. 뭔가 새로운 것을 해보려는 시도를 응원하고 지원하겠다는 국가의 방향성을 뚜렷이 하고, 그 방향성 하에서 그간 경직성을 지적받아 온 구체적 법과 규제를 개혁하는 것이 핵심이다.

그때와 지금의 또다른 차이는 사회에 팽배한 위험기피성향이다. 흔히 자본주의는 약육강식의 정글과 같다고 하지만, 그런 환경이라면 모험 성향이 극단적으로 높거나 수단·방법 가리지 않는 이들만 새로운 시도에 나설 것이다. 건강한 시장경제의 발전을 기대하기 어렵다.

위험을 피하기만 하며 가두리 안에 가둬 놨던 에너지를 해방시키기 위해선, 위험을 심각한 위협으로 받아들이지 않을 수 있게 하는 안전 그물망을 더 튼튼히 하는 것, 서로 협업하고 배려하는 사회라는 사회적 자본을 확대하는 등 공적이고 제도적인 노력들 역시 필요하다. 그간 묵혀놨던 정책 과제들이다.

이를 하나씩 뿌리째 해결해 가다 보면, '대양을 건너고 초원을 달리며 높은 산을 넘어' 경제를 일으켰던 우리의 유전자가 깨어나지 않겠나. 파도를 피하기만 하던 우리 사회는 어느새 너도나도 파도에 뛰어들어 거침없이 올라타는 사회가 되어 있을 것이다.

2

혁신을 찍어누르는 운영체제, 어떻게 바꿀 것인가

COLD

CASE

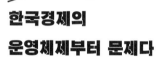

한국경제의
운영체제부터 문제다

혁신역량은 그 사회의 역동성에서 나온다. 시장이 됐든 전문가 영역이 됐든 사회의 개별 영역들이 각자 나름의 동력에 따라 팔딱팔딱 뛰어야 남과 다른 생각을 하는 이들이 그걸로 새로운 시도를 할 수 있다.

　우리는 혁신의 토양부터 취약하다. 주된 원인은 시대 변화를 따라잡지 못하는 '윗선'의 구시대적 태도다. 국가를 움직이는 힘이 꼭대기에 있어야 한다는 인식인데, 정작 그 꼭대기들이 고도로 산업화된 민주사회와 어울리지 않는다. 기본적으로 고압적이고 사회 각 분야 에너지를 존중하고 증진하기보다 억누르고 보는 성향이 강하다.

국정감사 때 대기업 회장들을 주르륵 불러 앉혀 놓고 제대로 된 질문 하나 하지 않는 정치인들의 모습을 보면, 자신들이 국가의 꼭대기에 있고 시장과 기업, 일반 국민은 그 아랫단이라고 생각하는 태도가 확연하다.

그런데 이는 정치인들 개인의 문제도 있지만 시스템의 문제도 크다. 마치 컴퓨터를 켜면 그 안의 프로그램들이 작동하도록 관리하는 운영체제os 같은 경제시스템 말이다. 우리는 흔히 개별 분야 개혁만 이슈로 삼곤 하지만, 사실 전체 경제 작동을 돕고 개별 분야가 상호작용하도록 판을 관리하는 운영시스템이 너무 낡았다.

일례로, 우리나라의 쟁쟁한 글로벌 기업들이 정권의 의도를 맞추려 눈치 보는 모습이 역대 정부마다 종종 눈에 띄었는데, 그 이유가 뭔지 질문하면 기업에 근무하는 이들의 대답은 대동소이하다. 우리나라 기업은 항상 정치권과 정부 눈치를 살피고 더듬이를 작동시켜야 한다는 것이었다. 국가가 기업을 못살게 굴 수백 가지 수단을 가지고 있어서 그렇다는 것이다. 국가가 기업이 잘되게는 못 해도 망치는 건 여전히 쉽도록 시스템이 낙후한 것도 문제고, 권력자들의 절제하지 않는 태도 또한 큰 문제다.

경제를 촉진하려는 의도보다는 휘어잡고 갑질을 하려는 의도가 곳곳에서 더 우세해지고 있는 것이 걱정거리인데, 대표적인 건 어떤 부작용이 초래되든 개의치 않겠다는 식의 입법 행태다. 최근에는 2024년 11월 야당 단독으로 국회 본회의를 통과한 국회증언법이 많은 이들을 경악시켰다. 국회가 자료를 요구하면 개인정보보호나 기업의 영업기밀을 사유로 거부할 수 없도록 한다는 내용이다.

개인정보도 문제지만, 기업기밀이라도 개의치 않겠다는 것은 지금의 칼날 같은 경쟁 환경에서 각국의 경쟁사들에게 로또를, 우리 기업에게 폭탄을 안기는 것과 같다. 오죽하면 주한미국상공회의소까지 '기업기밀 유출이 염려된다'라는 우려를 야당에 전달했을까. 법 때문에 무슨 일이 벌어지든 국회의원의 위세가 가장 중요하다는 마음자세를 엿볼 수 있는 대목이다.

각종 법제나 명시적 규제뿐만이 아니다. 대기업에 근무하는 지인이 2023년 새만금 잼버리가 위기에 봉착했을 때 대통령실 실세에게 불려갔던 일화를 전해줬다. 대기업 관계자들을 한데 모아 놓고 잼버리 참가자들을 얼마나 숙박시킬 수 있는지, 문화 프로그램은 얼마나 만들어 낼 수 있는지 등을 다그치는 바람에 식은땀이 흘렀다는 것이다. 갑작스러운 요구에도 그 자리에 있었던 기업인 중 불만이나 당혹감을 표하거나 거절한 사람은 아무도 없었고, 다른 기업보다 밉보여 불이익을 받을까 노심초사하며 '돌아가서 신속히 체크하겠다'는 말만 연발했다고 한다.

잘못한 게 없어도 기업인들이 이렇게 불이익을 두려워해야하는 구조가 아직도 지속되는 게 우리나라 경제시스템의 큰 약점이다. 거꾸로 돌려보면, 정부가 원하는 것을 앞장서 제공하면 별 잘한 것 없이도 이득을 볼 수 있다고 인식한다는 뜻 아닌가. 이런 시스템 속에서 경제주체들은 당당하고 투명하게 자신들이 가진 역량을 맘껏 발휘하지 못 하고 있다.

이처럼 공권력을 행사하는 이들의 마음자세 자체가 고압적이고, 그런 자세를 뒷받침해주는 그림자 규정들이 허다하다. 이들을 존치시켜 놓으며 한껏 활용하는 행태에는 여야도 없고 정부 간 차이도 없다. 경제 운영체제가 시대를 못 따라갔기 때문인데, 이것이 민간 부문의 에너지를 갉아먹는다.

예를 들어, 기업에서 일하는 지인들이 국정감사 과정에서 겪은 경험을 들으면 가슴이 답답해진다. 정치인들은 국정감사 증인 명단에 기업인들을 일단 포함시켜 놓고 나중에 협상을 통해 빼주면서 후원금을 챙긴다.

그들의 보좌관들은 자신이 가고 싶은 기업의 꼬투리를 잡아 일부러 거세게 공격한다. 존재감을 심어 나중에 그 회사로 옮겨

가기 위해서다. 회사로서도 하늘 같은 정치인으로 통하는 대관 채널이 생기는 것이니 싫지 않은 일이다. 반듯한 대다수를 망신 시키는 어물전 꼴뚜기들이라 믿지만, 이렇게 음습하면서도 다채 로운 갑질이 끊이지 않으니, 타이어 공기 빠지듯 경제 활력이 떨 어지는 것이 당연하다.

무엇보다 경제 수준이 글로벌 10위라고 자랑하는 국가에서 아직도 이런 일이 벌어지는 것을 보면, 경제시스템이 겉보기보다 훨씬 더 후진적이라는 것을 확인할 수 있다. 과거 국가주도성장 모델의 장점은 잃어버리고 나쁜 것만 남았기 때문이다. 나름 장 점이었던, 앞장서겠다는 엘리트의 헌신과 자기규율은 사라지고, 그것을 특권으로 변질시켜 악용하는 행태만 남은 것이다.

사실 우리 경제개발모델은 그간 국제적으로 호의적인 평가 를 받아왔다. 일명 발전국가모델이다. 이것은 국가가 경제 발전의 주도적인 역할을 맡아 경제 성장을 이끄는 방식을 말한다. 강력 한 지도자와 유능한 관료집단이 다른 모든 정책 목표를 경제 성 장이라는 지고의 목표에 종속시켜 총괄적 전략을 짜고 집행한다.

이 모델을 추구한 동아시아 몇몇 국가는 정부가 직접 산업 정책을 계획하고, 기업을 전략적으로 지원하며, 수출 주도형 성 장을 통해 경쟁력을 키웠다. 지도자의 권력도 충분해야 하고 역량도 높아야 성공할 수 있는 모델이다. 우리나라 박정희 대통령이나 싱가포르 리콴유 수상 등이 대표적 주자로 꼽힌다.

그러나 공산주의 계획경제와는 다르다. 소련 같은 공산주의 경제가 정부의 '하향식 계획과 명령'으로 운영되는 것과 달리, 발전국가는 민간과의 네트워크 안에 내재되어 있으면서 그들과 긴밀하게 협력해 발전 목표를 조정하고 기업을 행정적·재정적으로 지원한다.

특히 한국이나 싱가포르의 경우 다른 개발도상국들과 달리 강력한 지도자가 관료적 합리성을 저해하는 정치적 세력으로부터 관료들을 철저히 보호하고 맘껏 일하게 했다는 점이 높이 평가된다. 여기에 엘리트 공무원의 평균적인 도덕규율도 높았기 때문에 도덕적 리더십도 상당했다.

그런데 이런 발전국가모델이 언제까지고 지속될 수는 없다. 때가 되면 졸업하는 것이 당연하다. 경제가 고도화되면 국가가 기획가 역할을 주도적으로 해낼 수 없으니 기획과 실행 권한을 개별 주체에게로 분권화하고 국가는 민간을 돕는 역할로 전환해야 한다. 이렇게 전환하는 과정에서 중요한 모멘텀이 통상 민주화 과정이다.

대략적으로 우리는 훌륭하게 발전주의적 산업화, 그리고 뒤

이은 민주화를 이뤘다. 그러나 문제는 외양상 발전주의모델을 졸업한 것처럼 보이지만, 사실 공권력과 민간 관계 속 암묵적 수직 관계는 여전한 채, 세계와 우리를 넓게 보고 고민하던 국가의 지적·도덕적 리더십만 상실했다.

민간 부문이 발전함에 따라 이젠 정치인이나 엘리트 공무원이 민간 엘리트보다 역량이 탁월했던 시대는 옛날이다. 그런데도 이래라저래라 하면서 비공식적으로 해코지할 수단을 너무 많이 남겨 놨고, 시장경제의 고도화를 정치권과 정부의 역량이 따라잡지 못했다. 큰 칼을 휘두를 역량이나 헌신성이 없는데도 여전히 허리에 칼을 차고 있는 형국이니, 결과는 시장을 촉진하는 리더십 대신 시장을 칭칭 감고 갑질하는 오랏줄이다.

정치권과 행정부의 관계도 예전과 달라지긴 했지만 국민에게 이로운 방향이라 보기는 어렵다. 원래 이상적인 민주사회의 모습은 행정부에서 정치권으로 적정 수준의 권한이 넘어가면서 정치 리더십과 행정부의 능력이 서로를 보완하는 것이다.

그러나 정치가 제대로 작동하지 않으니 행정부는 힘만 세진 정치권의 눈치를 보는 양상이 고착화됐다. 정치권 압력으로부터 보호해 공무원이 소신껏 일할 수 있게 했던 장점이 사라진 것이다. 하여간 정치권이든, 공무원이든, 공적 존재로서의 도덕규율이 추락한 것이 제일 큰 문제다.

진정한 공복이라면, 그들이 추구해야 할 '업의 본질'은 장기적으로 국민에게 무엇이 유리한지를 중심에 놓고 방향을 수립하고 민간의 이해를 조율하는 것이다. 경제 운영체제의 핵심은 바로 이들이 제대로 역할 하도록 하는 제도들이다. 그러나 어느새 공복이 공복답지 않아도 견제를 받지 않을 뿐 아니라 자타의 기대 수준 역시 추락했다. 마을을 잘 알지도 못하면서 호령만 하는 사또처럼 굴어도 되도록 국가와 시장 관계가 비틀어져 있다.

결국 경제가 돌아가는 방식을 규정하는 운영체제가 마치 경제의 몸통을 옥죄는 철갑 같으니 민첩하게 뛰지도 못하고 몸이 더 이상 성장하지도 못한다. 이 관계를 통째로 뜯어고치지 않고는 혁신 경제로의 전환이 요원하다.

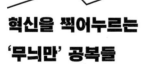

혁신을 찍어누르는 '무늬만' 공복들

몇 년 전 신기술이 사회에 미치는 영향에 대해 강의하던 때였다.

당시 모빌리티 플랫폼 '타다' 서비스가 한창 이슈였는데, 그에 반대하며 분신한 택시 기사의 사진을 보고 동남아에서 온 한 여학생이 내게 다가와 물었다.

그 기사의 죽음에 국가가 책임을 느껴야 하는지 아닌지 모르겠다는 것이었다. 새로운 서비스를 시작하려는 사업자와 그것에 불안을 느낀 기존 사업자 간의 사적인 분쟁이니, 국가가 역할을 할 여지가 애초에 없었던 게 아니냐는 질문이었다.

겉으로만 보면 그렇게 생각할 여지가 있지만 사실 이 이슈는 혁신기술과 기업에 대한 우리 사회 반응체계와 국가의 역할에 대해 시사하는 바가 크다. 개인적 차원의 문제가 아니라 권력의 속성이 시스템에 영향을 미치는 문제라는 뜻이다. 사실 이 사건의 경과는 나중에 대한민국 스타트업이 얼마나 적대적인 환경에서 고군분투해야 하는지를 보여주는 다큐멘터리 영화로도 제작된 바 있다.

2010년대는 인터넷 플랫폼을 이용한 승차공유나 숙박공유가 전 세계적으로 빠르게 부상하던 시기였다. 우버나 에어비앤비가 대표적이다. 우버는 현재 북미와 남미 등 70여 개국에서 영업하고 있고, 동남아 국가에서는 유사한 토착 서비스에 밀려 철수하기도 했다. 해외 출장이나 여행을 가면 우리나라 사람도 흔히 사용하는 서비스인데, 한국에는 2013년 상륙했다가 불법 판정을 받고 퇴출됐다.

특이하게도 토착 기업과의 경쟁에 밀려 퇴출한 것이 아니라 관련법이 자가용 자동차의 유상 운송을 금지하고 있기 때문이었다. 퇴출까지 걸린 시간이 불과 2년으로 전 세계에서 가장 빨랐다. 우버의 번개 같은 퇴출은 우리나라가 얼마나 새로운 서비스를 철통같이 막아내는 시스템을 갖췄는지 엿볼 수 있는 대목이다.

우버 같은 업태를 이르는 승차공유 산업은 당시 인터넷 기반 기술 경쟁의 첨단 전투장이었다. 사용자가 쉽게 차량을 호출할 수 있는 플랫폼을 갖춘 후, 예약 관리, 차량 배치, 경로 최적화 등을 포함한 다양한 기능을 제공해야 한다.

이를 위해 대규모 교통 데이터와 운행 데이터를 분석하고, AI 알고리즘을 적용해 정확하고 효율적으로 사용자와 차량을 매칭하는 기술을 개발하는 게 관건이다. 소비자 눈에는 잘 안 보이지만, 막후에서는 차량 수요를 정확히 예측하는 모델이 필요하고, 운행 경로와 예상 도착 시간도 정확해야 한다.

그래서 이런 기술들을 개발한 젊은이들이 법의 예외 조항을 이용해 우버와 유사한 '타다'라는 토착 승차공유 서비스를

2018년 출시했을 때 많은 이들로부터 기대를 모았었다. 승차공유라는 새로운 산업이 잘되기를 바라는 마음도 있었고, 이것이 관련 기술에 접목돼 다른 산업들도 발전할 가능성을 기대한 것이다. 이에 더해 출근 시간과 늦은 밤시간에 택시 잡기가 늘 힘들었던 것 또한 일반 소비자들이 승차공유 산업 출현을 반긴 이유였다.

그러나 택시업계가 이를 본인들 업역을 침범하는 행위로 간주하고 법 개정으로 이를 완전 불법화하려는 투쟁을 시작하면서 상황이 극단으로 치달았다. 결과적으로 여객자동차 운수사업법은 2020년 승차공유업을 불법화하는 내용으로 개정됐다. 여야 모두 총선을 앞두고 택시 기사들의 표를 의식해 단합한 결과였다.

그 1년이 넘는 시간 동안 택시 기사 네 명이 분신했다. 이 비극적인 과정을 지켜보면서 가장 답답했던 부분은 정부도 정치권도 어떤 리더십도 발휘하지 않았다는 점이었다. 예를 들어, 당시 내가 근무하는 세종시에서 기차역이 있는 오송까지 택시를 오래 타야 하는 상황이 자주 발생했는데, 택시 기사분들은 '타다' 서비스가 어떤 기술개발도 없는 비혁신기업인데 국민을 상대로 사기를 치고 있다며 격앙돼 있었다.

의도적인 비방이라기보다 기사분들이 중앙 조직으로부터 전달받은 홍보물 내용이 그랬기 때문에 자신들도 실제로 그렇게 믿으면서 승객들에게 분노를 확산시키려 애썼던 것 같다.

그도 그럴 것이 당시 정치권은 중재를 자처하며 사회적 대타협기구를 꾸려 대립 당사자들을 모았지만, 사실상 '당신들끼리 얘기해서 합의보세요'라는 입장을 견지했다. 정확한 정보를 제공해 상대방에 대한 양자의 이해를 증진하지도 않았고, 국민 전체를 위한 미래 방향으로 논의를 모으려 시도하지도 않았다.

2019년 초 홍남기 경제부총리는 '4차 산업혁명과 우리의 대응'이라는 강연을 한 후, 갈등 상황에 대한 대응 방향을 질문받자, "공유경제 등 신산업이 반드시 도입돼야 하지만, 이해관계자의 반대라는 현실을 고려해야 한다. 사회적 대타협기구를 통해 대타협이 더 활발히 이뤄져야 할 것"이라 말했다.

무슨 뜻인지 도무지 이해가 안 됐다. 신산업을 반드시 도입해야 한다는 경제수장이 그것을 위해 무슨 노력을 할 것인지는 밝히지 않고 남의 일처럼 논평만 하고 있으니 말이다. 경제수장이 앞장서 국민을 설득하지 않으면 도대체 누가 한다는 것인가.

게다가 본질적으로 이해가 충돌하는 두 집단을 한곳에 모아 놓기만 하고 '자, 타협해보세요'라고 하면 당연히 사람 수가 많은 전통산업의 목소리가 더 크게 표출될 수밖에 없다. 더구나 택시업에 종사하는 이들의 평균 소득이 상당히 낮고 불안정하기 때문에 신산업의 출현에 쉽게 위기감과 두려움을 느끼는 구조였다.

같은 날, '타다' 측 이재웅 대표는 "가장 중요한 수천만 명의 택시 이용자를 빼고 카카오와 택시 단체, 국회의원들만 모였는데, 사회적 대타협기구라고 명명한 것부터 말이 안 된다"라고 꼬집었다. 이해가 대립하는 관계자만 모아 놓으면 논의가 공회전될 수밖에 없는데도 이를 방치하는 것은 국민 편익을 위하는 게 아니라 무책임이라는 것이다.

나는 그의 항의에 일리가 있다고 생각한다. 수천만 국민의 이해 역시 존중돼야 하고, 이를 대변하는 것은 국가의 의무다. 신·구산업의 이해가 대립할 때는 사회 전체를 이끄는 리더십을 고민해야 한다. 장기적으로 국민에게 무엇이 이로울 것인지를 고심해서 방향성을 정한 뒤, 큰 원칙 하에서 피해를 보는 쪽에 보상을 제공해 갈등을 완화하고 혁신을 촉진하는 역할을 하는 것이 공복의 마땅한 자세다.

예를 들면 이런 태도다. '이 산업은 이런 내용의 신기술과 산업발전 가능성을 가지고 있어 국가와 국민들에게 앞으로 이러저

러한 편익을 제공할 수 있을 것으로 예상합니다. 물론 확실하지는 않지만, 시장에 진입해 그 가능성을 시험해보는 것조차 막는 것은 적절하지 않습니다. 우리 경제는 무모하더라도 새로운 시도를 응원하고 증진한다는 원칙 하에서 혁신 수용적인 토양을 만들어가야 합니다. 그게 장기적으로 국민에게 이로운 것이라 믿기 때문입니다. 그러나 만약 그들의 진입으로 인해 기존 사업자들에게 심각한 피해가 간다면, 그것을 이런저런 방식으로 보상하는 것을 궁리하고 있고, 되도록 피해가 가지 않는 조화 방안이 있는지도 고심 중입니다. 의견을 주시기 바랍니다.'

정치인과 공무원들이 변화의 시대에 보여야 할 리더십의 방향은 이런 게 아닐까 싶다. 국민 전체를 대표하는 입장에서 정확한 정보를 제공해 불필요한 갈등 확산을 막고 미래 비전을 제시해 사회적 공론을 형성하는 노력 말이다.

그런데 당시 우리 정치권은 이 문제가 한국경제의 미래에 어떤 의미가 있는지를 국민과 공유하고 무엇이 국민을 이롭게 하는지 고심하기보다는 총선에서 얻을 표계산에만 매몰되어 있었다. 공적 의무를 다하지 않아도 견제받지 않는 꼭대기에 앉아 있다는 특권의식으로 법을 고쳐 승차공유 산업의 싹을 가볍게 잘라낸 것이다.

혁신 수용적 사회로 전환한다는 것은 이런 태도를 뜯어고치는 일련의 노력들이다. 각종 규제처럼 공복이 시장에 영향을 미치는 명시적인 수단을 합리화하는 것도 포함되고, 공복이 공복답게 인식하고 행동하도록 이들을 둘러싼 제도적 틀을 개선하는 것도 중요하다.

추격형 경제의 모방 관성에서 벗어날 때

그간 우리 경제가 혁신 수용성을 높이는 방향성을 확고하게 수립하지 못한 이유는 이에 대한 공복들의 의지가 부족했기 때문이기도 하지만, 무엇을 목표로 해야 하는지를 이들이 잘 몰랐기 때문이기도 하다. 이에 관한 지적인 혼란은 아직도 우리 사회 전반에 지속되고 있다.

원래 국가가 시장과 어떤 관계를 맺고 혁신 수용성이 어느 수준이어야 하는지는 나름의 맥락 속에서 가늠해야 한다. 지금 우리의 토양을 전면적으로 재편해야 하는 상황이라는 것을 함께 공감하고 에너지를 모으기 위해서는 넓은 맥락을 한 번 되짚어보는 것이 중요하다.

경제시스템의 성격은 기존 선진국 간에도 차이가 큰데, 언뜻 생각하기에도 미국은 규제보다는 시장원리를 우선시하는 나라이고, 유럽 국가들은 그보다는 경제에 훨씬 개입적이다.

대표적으로 알려진 분류는 홀과 소스키스 두 교수의 '자본주의 다양성 이론'인데, 대략 서구 자본주의를 미국이나 영국 같은 '자유시장경제LME: Liberal Market Economy'와 독일이나 스웨덴 같은 '조정시장경제CME: Coordinated Market Economy'로 나눴다.

보통 영미권이라 부르는 LME 국가는 경쟁적인 시장에서 가격 신호에 의해 시장이 조정된다. 노동시장은 유연하며 기업은 주식시장을 통해 자금을 조달하고 경제 전반적으로 새로운 시도를 장려한다.

반면 유럽형이라 부르는 CME 경제에서는 노조나 정부, 기업들이 장기적인 관계를 유지하며 가격 신호보다는 집단적 합의를 통해 조정이 일어난다. 안정성과 합의를 중시하는 만큼, 노동시장과 산업 전반에 걸친 규제가 강하다. '인권과 합의를 중시하는 유럽형'으로 존중받아 왔다.

그간 우리나라는 이들 선진국을 따라잡으며 제도를 이식하는 과정을 통해 정책을 발전시켜왔다. 경제개발 초기에는 미국과 일본의 제도를 주로 모방했고, 민주화 이후에는 유럽식 제도를 동경하는 분위기가 강했다. 영미식과 유럽식, 두 가지 유형의 장점을 적절히 섞어서 모방하되, 우리 경제 상황이나 집권 세력의 정치 성향에 따라 영미식에 경도됐다가 정권이 바뀌면 유럽식으로 다시 기울었다가 하는 식이었다.

여기저기서 베껴와 모아 놓다 보니 제도 간 일관성이나 중복성 문제가 발생하긴 했지만, 머리 싸매고 우리 스스로 무언가를 만들어 내는 것보다는 그래도 시간과 노력이 덜 들어간다는 인식이 지배적이었다. 우리 특유의 목표와 토양을 놓고 고심하기보다 추격형 경제의 모방 관성에 안주하고 있었던 셈이다.

특히 공권력이 시장을 규제하는 방식에서는 이렇게 영미권과 유럽식을 왕복하는 '진자식 모방'이 가장 뚜렷하게 유지돼왔는데, 최근에는 우리 공직사회 경직성이 심화돼 위험을 기피하는 성향이 강해지면서 유럽식 사전 규제로 강력히 통제하는 흐름이 힘을 얻었다. 결국 문제가 심각해지지 않는 이상 개입하지 않는 게 영미권의 특징이라면, 아직 문제가 안 나타나더라도 그렇게 될 가능성을 고려해 국가가 사전에 규제하는 것이 유럽형이다.

그런데 새로운 산업적 시도들을 일단 수용하는 것을 원칙으로 하고 문제가 생길 경우 개입하는 방식보다, 미리 문제점을 추측하고 규제하는 방식은 일반적으로 혁신 억제로 인한 비용이 훨씬 더 크다.

그간 우리가 굳이 어느 방향으로 갈 것인지를 깊이 고민하지 않은 것은 사실 '어느 쪽이든 다 좋다'라는 추격자의 마음자세 탓이다. 어차피 영미권이나 유럽 국가나 할 것 없이 우리가 올려다보기에 목이 아플 정도로 양쪽 다 잘사니 모로 가거나 지그재그로 가도 선진국으로 가기만 하면 된다는 마음이 바탕에 깔려 있었다고 하겠다.

이런 인식이 크게 흔들리기 시작한 것이 바로 요즘이다. 코로나 초기였던 2020년 9월 영국 경제 주간지 〈이코노미스트〉는 영미형 국가들과 유럽형 국가들의 코로나 대응 방식 차이를 비교하면서, 아마도 백신 전쟁의 승자는 영미형 국가일 것이라 예측했다.

그 말인즉슨 백신 개발로 인한 엄청난 수익을 올릴 혁신의 승자가 유럽형 경제에서는 출현하기 어렵다는 것이다. 노동조합 등 사회적 참여자들의 목소리가 중시되는 유럽형 경제는 연속적이고 점진적인 변화를 추구하는데, 이렇게 안정성을 중시하는 곳에서는 자본과 노동이 신속히 투입되지 못하기 때문에 백신 개발처럼 혁신적 시도는 원천적으로 어렵다는 것이다.

과연 그럴까? 하는 의문을 가지고 나는 백신 경쟁의 결과를 주시했다. 결과적으로 이 예측은 정확히 맞아떨어졌다. 백신은 주로 화이자와 모더나, 아스트라제네카, 노바백스 등 영미권 회사에서 개발됐고, 유럽 국가 중에서는 기초과학의 강자로 알려진 프랑스조차 백신 전쟁에서 빈손으로 퇴장했다.

백신 전쟁에서 나타났듯, 혁신 경쟁에서 중요한 것은 유연성과 역동성이 얼마나 있는지다. 가능성이 보이는 아이템에 막대한 자본이 투입되어야 하고, 그것이 생산으로 이어지기 위해서는 노동의 유연성이 수반되어야 하기 때문이다.

문제는 지금처럼 기술이 근본적으로 바뀌는 시기에는 더욱 노동과 자본 같은 생산요소가 수요에 따라 급변해야 한다는 것이다. 그렇기 때문에 기민하게 생산요소를 조정할 수 있는 유연성을 가졌는지가 한 경제가 기술 변화에 얼마나 제대로 적응할 수 있을지를 판가름하는 요소가 된다.

2023년 마이크로소프트는 1만 명의 인력을 구조조정하면서 AI에 백억 불을 투자했고, 구글은 1만 2천 명을 감원하면서 AI투자를 450억 달러로 늘렸다. 뭔가 유망한 게 보이면 투자를

.

확 늘리고, 그 돈을 끌어와야 하니 잘라낼 부분은 과단성있게 잘라낸다. 이처럼 노동시장 규제와 금융 규제가 경제의 핵심 경쟁력을 좌우하는 세상이다.

바로 이 지점에서 유럽 모델의 한계가 명확해지고 있다. 손진석, 홍준기 기자가 쓴 『부자 미국, 가난한 유럽』은 '미국이나 유럽이나 잘사는 건 마찬가진데 유럽은 교양있고 문화적이라는 차이가 있을 뿐'이라는 예전의 통념이 더 이상 사실이 아니게 됐다는 것을 적나라하게 보여준다.

미국과 유럽의 격차가 따라잡기 어려울 정도로 벌어지고 있다. 2008년 EU의 GDP(국내총생산)는 미국보다 컸지만, 2022년에는 EU 27개국 다 합쳐봐야 미국의 65%에 불과했다. 1인당 GDP도 마찬가지다. 2007년 미국 4.8만 달러, 독일 4.1만 달러, 프랑스 4.1만 달러로 큰 차이가 없었으나, 2023년에는 미국이 8.2만 달러로 독일 5.3만 달러, 프랑스 4.4만 달러와 비교해 월등한 수준으로 올라섰다.

이 차이를 가져온 것은 혁신기업들의 존재다. 기술이 급변할 때 선두에 서서 변화를 주도하는 것이 혁신기업이다. 사전 규제로 기업의 시도를 막지 않는 나라인 미국은 혁신기업의 역량이 압도적이다. 애플, 테슬라 등 많은 혁신기업들이 이전 세상에 없던 제품과 서비스를 만들어 수요를 창출해 빨아들이는 힘이 바로 미국경제의 힘이다.

〈포천〉지가 발표하는 글로벌 500대 기업 중 유럽 기업이 2008년에는 190개가 포함됐으나 2023년에는 119개로 줄어들었다. 한 인터뷰에서 〈포천〉지의 알리슨 숀텔 편집장은 글로벌 500대 기업 리스트를 34년간 만들어 왔는데 유럽 기업의 퍼포먼스가 지금이 최악이라 평했다.

유럽의 쇠락에 대한 냉정한 진단은 2024년 9월, '드라기 보고서'라 불리는 EU 집행위원회 보고서로 마침내 유럽 내 정책그룹에 의해 공식화됐다. 이탈리아 총리, 유럽중앙은행 총리를 지낸 마리오 드라기가 주도한 이 보고서는 유럽의 고상한 경제틀, 즉 사회적 가치와 안정을 위해 예방적 규제와 합의를 중시하는 방식을 확 바꿔야 재기를 도모할 수 있다는 처절한 반성을 내놓았다. 이는 지난 300년간 인류 문명의 꽃이라 간주되던 유럽의 위상이 지금 얼마나 위태로운 처지에 놓였는지 잘 보여준다.

동시에 우리에게도 중요한 시사점을 던진다. 유럽은 그간 따라 배워야 할 사회모델로서 우리 앞에 우뚝 서 있었다. 그런데 미국과의 혁신 능력의 격차가 커지고 중국의 기술력과 가격 경쟁력이 뒤를 압박하는 경쟁 속에서 샌드위치가 된 유럽은 이제 예전에 누렸던 위상을 지키기 어렵다는 자각에 이르렀다. 이들이 빠진 딜레마와 성찰은 우리에게도 똑같이 적용된다.

우리가 경제사회모델을 만들어감에 있어 유럽이냐 미국이냐 식으로 골라가며 통째로 베껴올 수 있는 시대는 이제 지나가버렸다는 점을 상기해야 할 때다. 우리가 가야 할 방향성을 분명히 세우고 추구해야 할 시점이다.

이를 위해 새겨야 할 핵심은, 지금과 같은 대변동의 시대에는 대내외적 변화에 빠르고 효과적으로 대처하는 능력이 무엇보다 중요하기 때문에 유럽이나 우리나 기업의 생성과 혁신을 저해하는 경제 틀을 근본적으로 바꿔야 한다는 점이다. 국가주도경제발전의 유산이 강하게 남아 있는 우리나라에겐 참으로 어려운 과제다.

그런데 유럽이나 우리나라보다 경제 운영체제가 훨씬 유연하고 다이내믹한 미국에서 이번에 트럼프 당선인이 정부효율부 DOGE를 신설하고 일론 머스크를 수장으로 임명했다는 소식이 들려왔다. 정부 예산의 3분의 1에 달하는 2조 달러를 줄이고 과도한 규제를 없애는 것을 목표로 한다고 한다.

미국 정부가 구체적으로 얼마나 비효율적인지 우리가 세세히 알지는 못하지만, 정부 효율성을 높여야 한다는 불만은 우리나라에서도 그간 높았다. 단지 정치권과 정책 그룹이 그 문제에 관심을 두지 않았을 뿐이다. 사실 이들이 이 문제를 외면하는 것 자체가 우리나라가 직면한 가장 큰 문제다. 모르긴 몰라도 정부 비효율성이 누가 더 심한지 비교해보면 미국에 비해 우리가 압도적일 것이다. 트럼프 당선인의 접근법을 우리에게 그대로 적용한다고 해도 문제가 풀릴 것이라 기대하기 어려울 정도로 중층적이고 뿌리가 깊다.

각종 규제처럼 공공 부문과 민간의 인터페이스를 경직적이고 고압적으로 만드는 제도도 문제지만, 그런 제도를 끊임없이 강화하고 유지하는 공공 부문 주체들의 행태가 난공불락이다. 예산 거품보다 훨씬 더 근원적인 문제라 하겠다. 우리나라 공공 부문의 비효율성을 수술하고 유전자를 바꾸는 과제에는 트럼프 당선인보다 훨씬 더 강력한 개혁 의지와 투철한 방향성이 필요하다.

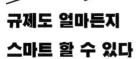

규제도 얼마든지
스마트 할 수 있다

한국경제 운영체제 중 예나 지금이나 가장 많이 회자되는 게 규제다. 혁신의 천적이며 공권력 갑질의 도구가 각종 규제다. 공복 의식 없는 공복들이 휘두르는 칼이 되기도 하고, 갑질 의도가 없는데도 시대를 좇아가지 못해 뭉툭한 칼이 되는 경우도 있다.

본래 규제란 시대적 요구를 좇아 공익을 구현하는 것이기 때문에 움직이는 타깃에 맞춰 끊임없이 현대화해야 한다. 지금처럼 수많은 시도들이 이루어져야 하는 시기에는 규제 역시 똑똑해져야 하는 것이다.

사람들이 이런저런 궁리 끝에 새로운 맛의 빵집도 열고 스마트팜도 만들고, 카카오톡 같은 서비스도 시도할 때 이들의 앞길을 막지 않기 위해서는 규제가 한참 뒤로 물러나야 하지만, 딥페이크처럼 사회적 해악을 분명히 끼치는 것에 대해서는 신속하고 단호하게 나서야 하기 때문이다.

그런데 얼마 전 신문을 보다 기가 막힌 표현을 보고 서글퍼서 웃었다. 우리나라 역대 정부들이 표방했던 규제개혁이 TV 프로그램의 소재가 된다면 딱 맞는 프로가 《와! 진짜? 세상에 이런 일이》라는 것이다. 수많은 프로그램들이 개편으로 명멸하는 중에도 26년간 장수한 이 프로그램은 기가 막히고 어처구니없는 사연들을 소개하는 프로다. 규제개혁이 왜 그 정도로 어처구니없다고 인식되는지는 뻔하다. 시시포스 뺨치는 허망함 때문이다. 대통령마다 규제개혁에 총력을 기울이겠다고 선언하고, 좀 시간이 흐른 후에는 그 성과를 부풀려 자랑했지만 그뿐이다.

김대중 전 대통령은 '단두대'처럼 규제를 없애겠다고 했고, 이명박 전 대통령은 '전봇대'처럼, 박근혜 전 대통령은 '손톱 밑 가시'처럼 뽑아내겠다고 했다. 노무현, 문재인 두 전 대통령도 규제개혁으로 경제를 활력있게 만들겠다는 약속을 똑같이 했다.

슬로건뿐 아니라 정책명도 현란하다. 네거티브 규제(금지된 것 빼고는 다 할 수 있는 방식), 샌드박스(신기술이나 신사업모델에게 한시적 규제 면제), 규제총량제(새로 만들 때는 없앨 규제를 찾아오는 방식), 원인 투아웃(새로 규제를 만들려면 그 순비용의 두 배만큼을 줄이는 방식) 등이다.

이 중 성과를 냈다고 널리 인정받는 시기도 있다. 대표적으로 김대중 대통령 때이다. 1998년 외환위기 이후 경제 회복이 시급했던 시기에 기업 활동을 활성화하고 외국인 투자를 촉진해야 한다는 절체절명의 목표를 위해 그는 '전체 규제의 50%를 줄여라'고 지시했다. 실제로 공무원들은 규제의 50%를 줄였다. 그것이 또 큰 화제가 되었고, 김대중 정부는 지금껏 규제개혁에 성공한 정권으로 꼽힌다.

그런데 이 놀라운 성과보다 한층 더 놀라운 것은 그 이후 세상이 달라졌다고 느끼는 사람이 없다는 점이다. 모든 정권의 장밋빛 약속에 걸맞게 정말로 효과가 있었다면 똑같은 목표를 정권마다 지치지도 않고 내세웠을 리 없다.

전 세계 100대 유니콘 기업을 분석한 아산나눔재단 보고서는 충격적이기까지 하다. 100개 기업 중 55개는 한국의 규제 하에서는 제대로 사업을 할 수 없다는 것이다. 불법이라며 퇴출되거나 영업이 제한된다고 한다.

예를 들어, 중국의 '투지아'나 인도의 '오요 룸스'는 근래 약진하고 있는 공유숙박업의 글로벌 유니콘 기업인데, 우리나라에서는 관광진흥법 등의 규제로 사업이 제한된다. 기존 숙박업소를 보호한다는 취지이긴 하지만, 한편으론 혁신기업이 태어나 성장하기를 기대하기 어려운 토양임을 보여준다. 2023년 현재 글로벌 100대 유니콘 기업 분포를 보면, 미국 59개, 중국 12개, 인도 6개에 비해 우리 기업은 토스Toss 한 곳 뿐이다.

무릇 한 개의 성공이 있으려면 백 개 천 개의 시도가 있어야 한다. 그러니 경제가 잘되려면 일단 시도가 많아야 하는데, 그것을 위해선 시도 자체가 자유로워야 한다. 그런데 우리 젊은이들이 설사 이들 글로벌 유니콘 기업과 유사한 시도를 생각해낸다 해도 강력한 규제들이 막아서는 구조다. 이런 시도들을 질식시키는 규제가 우리나라에서만 유독 더 강력해야 할 이유는 없지 않나.

왜 정권마다 성과를 자랑했음에도 규제개혁이 이렇게 진척이 없는지에 대해 거의 평생을 규제개혁을 연구했고 규제개혁위원장을 지내기도 했던 최병선 교수의 진단은 간단하다. '공무원의 숫자놀음' 때문이라는 것이다. 규제란 어떻게 분류하는지에 따라 한 가지가 될 수도 백 가지가 될 수도 있다. 없애고 싶지 않은 규제를 다른 규제와 묶어 버리면 숫자만 줄어들 뿐 아무것도 변하지 않는다. 이런 '꼼수'를 공무원들은 얼마든지 부릴 수 있다는 것이다.

결국 중요한 것은 규제 틀을 바꿔내는 강력하고 집중적인 한시적 작업인데, 이런 역할을 하도록 김대중 정부에서 만들어놓은 것이 바로 규제개혁위원회이다. 민관 합동으로 국무총리와 민간공동위원장, 장관 6명의 당연직, 민간위원 14인으로 구성된다. 공무원들이 안건을 올리고 검토한 내용을 가지고 결정을 내린다. 정기적으로 모여 회의하고 돌아가는 구조다.

그런데 안건으로 검토되는 규제는 통상 실타래처럼 다른 규제들과 얽혀 있는 경우가 대부분이다. 이해관계자들한테 중요하지만 국가적으로는 그다지 큰 의미가 없는 것들도 많다. 규제개혁을 어떻게 하겠다는 문제의식과 통찰이 없으면 수천, 수만 개의 규제를 하나씩 쪼개서 검토하는 방식이 별 의미 없고 효과를 얻기도 어렵다.

결국 이 문제에 진심으로 매달리는 사람이 없이 공무원들의 일상적 활동으로 규제개혁 실적만 조금씩 올라가도록 해놓은 것이다. 이러니 수십 년간 단두대, 암 덩어리, 전봇대, 손톱 밑 가시 등 온갖 강력한 수사만 동원됐을 뿐 여전히 혁신하기 어렵고 사업하기 어려운 나라, 기업을 쫓아내는 나라, 정부가 시장을 호령하는 나라에 머물 수밖에.

그러니 규제 패러다임을 바꾸기 위해서는 트럼프 대통령 당선인처럼 강력한 의지를 천명해 담당자들이 대충 뭉개고 넘어갈 엄두를 못 내게 하는 것이 시작이다. 우선 규제개혁위원회가 제 기능을 하도록 해야 한다.

우리나라 규제의 틀을 시대 변화에 맞도록 어떻게 전격적으로 바꿀 것인지 뚜렷한 시각과 전문성을 가진 민간위원장을 상근화해야 하고 사무총장과 실장도 마찬가지다. 즉 시대가 어느 방향으로 움직이고 있는지를 명확히 인식하고 시장의 병목이 어디인지를 파악하고 있는 전문역량을 가진, 현장을 아는 공무원들과 협업할 수 있게 하는 것이다.

언뜻 보면 예산을 늘리고 우리나라 최고 수준의 역량을 투입하는 투자가 핵심인 것 같지만, 사실 민간의 머리 위에 서서 통제하는 습성을 버리고 기득권을 파괴하겠다는 의지가 더 중요하다. 정부가 민간에 갖는 권위적인 태도를 바꾸지 않고는 규제시스템을 고칠 수 없기 때문에 그렇다.

2024년 말 무죄 판결로 화제가 된 소위 '인보사 사태'를 복기해보면 이 점이 잘 드러난다. 인보사는 2,000억 원 이상을 들여 개발한 관절염 치료 주사제인데, 한국과 미국에서 각각 임상시험을 진행했고, 2017년 국내에서 먼저 허가를 받아 판매를 시작했다. 그런데 식품의약품안전처로부터 품목허가를 받을 당시 회사 측이 기재했던 성분이 실제 성분이 아니었다는 점이 미국 임상 과정에서 발견됐다. 회사 측은 2019년 식약처와 미국 식품의약국FDA에 이를 신고했다.

여기서부터가 주목되는 부분인데, 미국 FDA는 신고를 받자마자 진행 중이던 임상 3상을 보류했지만 차분히 이를 검토해 안전성에 문제가 없다는 결론이 나자 불과 1년 만에 임상 재개를 승인했다. 법에 명시적으로 금지된 게 아니면 모두 허용하는 '네거티브 규제' 방식이라 절차상 문제가 일부 있더라도 신약 안전성 및 효능에 문제가 없다면 연구를 막지 않는 것이다.

반면 우리 식약처는 곧바로 품목허가를 취소하고 형사고발했다. 보고된 성분이 사실과 다르다면 당연히 판매를 중단하고 원인과 효과를 잘 검토해야겠지만, 무조건 사기로 단정하고 수사를 의뢰한 것은 수긍하기 어려운 점이다. 결국 1심 판결이 나기까지 4년 10개월이 소요됐다. 96번의 공판이 진행되는 동안 회사는 고의가 아니었다고 해명하는 데 막대한 재원과 노력을 투입했다.

법원이 1심에서 무죄를 선고하며 "의약품 개발 과정의 시행착오를 모두 범죄로 볼 수는 없다. 과학기술에 대한 사법적 판단은 신중해야 한다"라고 한 판결문 내용은 상당한 사회적 공감을 불러일으켰다. 검찰의 기소행태가 혁신 시도를 위축시킨다는 언론 보도가 줄을 이었다.

그런데 나는 법원이 지적한 검찰의 행태보다 더 앞단의 문제가 정책적으로 더 중요하지 않나 싶다. 명시적으로 허가된 사항이 아니면 나머지를 모두 금지하는 '포지티브 규제' 방식이 신제품 개발 영역에 어울리지 않는다는 점이 그간 꾸준히 지적돼 왔지만 꿈쩍하지 않는다. 성분 변경을 알리면 품목허가를 취소시켜 버리고 그것이 소송으로 이어져 몇 년간 진을 빼는 사례들이 줄줄이다.

더구나 이런 규제시스템은 공무원의 고압적 태도, 보신주의와 결합해 공고하게 유지될 뿐 아니라 나쁜 방향으로 상승 작용까지 일으킨다. 그동안 식약처에 관해서는 해외 사례를 요구하며 일단 퇴짜부터 놓고, 안전성과 효능성을 보이는 국내 실험결과를 아무리 제출해도 요지부동이라는 원성이 무척 오래됐다. 해외 사례가 절대적 기준이면 국내에서 세계 최초 시도가 인정받는 것은 원천적으로 불가능하다는 것 아닌가.

전문성도 없으면서 민간을 찍어누르고 책임을 피하려고만 하면 그게 바로 시장의 역동성을 억압하고 혁신의 싹을 밟아버리는 공공 부문 비효율성이다. 지금이야말로 이 비효율성을 전격적으로 업그레이드하겠다는 강력한 의지가 필요한 시점이다. 그래야 규제시스템도 스마트하게 바꿀 수 있고, 국가와 민간 간의 인터페이스를 개방적이고 수평적으로 바꿀 수 있다.

족쇄를 늘릴수록 칭찬받는
이상한 의원 입법

나 자신도 국회의원으로 일해 본 경험이 있지만, 단언컨대 우리나라가 역동적인 혁신경제로 탈바꿈하는 데 가장 큰 장애물은 국회의원들이다. 그냥 하는 푸념이 아니라 의원 입법의 악영향이 너무 크기 때문이다. 규제개혁 노력으로 몇 개를 없앤다 해도 그 몇 배의 규제가 국회에서 신설되는 구조다. 게다가 품질까지 엉망이다.

사실 규제개혁이 규제를 없애는 것만을 뜻한다고 생각하기 쉽지만 그렇지 않다. 그간 규제개혁의 목표는 '규제의 존폐를 원점에서 재검토해 경쟁을 제한하거나 경제활동을 저해하는 규제를 과감히 폐지하고, 환경·안전·보건 등 공익적 이유로 존속이 불가피한 규제는 질을 향상시킨다'는 것이었다.

이는 뚜렷한 이유 없이 새로운 경제규제를 만들지 않으며, 사회규제처럼 존재 이유가 뚜렷한 경우에는 적어도 절차가 투명하고 목표가 명확해야 한다는 것을 의미한다. 이러한 원칙 아래 어쨌건 그간 정부의 규제 입법 과정은 까다로워지고 이해관계자 의견 수렴과 영향 평가까지 거치게 됐지만 의원 입법 과정은 말 그대로 '노터치'다.

그 결과 부처가 규제 심사를 피하고자 여당 의원을 앞세워 발의하는 이른바 '청부 입법'이 증가했고, '민생 법안'이란 이름으로 법안이 수십 건씩 한꺼번에 처리되는 일도 흔하다. 졸속 발의에 부실 심사가 더해지면서 규제 관련 조항이 제대로 걸러지지 않게 되는 것이다.

4년간 일본은 의원 1인당 법안 발의 건수가 0.6개, 영국은 1개인데 비해 우리나라는 79개이고, 의원 1인당 법안 심의 건수도 82개로 영국의 68배, 일본의 88배에 이른다. 마구 만들고 마구 통과시키는 구조다. 그런데도 무조건 법안 발의를 많이 하면 열심히 일하는 의원이라고 평가하는 언론들도 아직 많다. 20대 국회 동안 규제가 신설되거나 강화된 법안은 의원 입법이 정부 입법의 14배였다.

왜 이런 구조가 계속되냐면 규제를 남발하는 구조도 결국 입법을 통해 견제되어야 하는데 입법자인 국회의원들이 이를 거부하기 때문이다. 이들이 규제를 만들어 내려는 욕구를 억제할 수 없다면, 국민의 한 사람으로서 할 수 있는 일은 국회의원들에게 '규제 질이라도 좀 올려주십사' 읍소하는 것밖에는 없다.

바로 '규제영향평가'다. 규제 입법에 포함된 규제의 내용을 점검하고 그것이 미칠 효과를 검토하는 과정을 입법 과정에 내장하는 제도적 장치를 말한다.

지난 십수 년 동안 끊임없이 의원 입법에 규제영향평가를 도입하자는 법안이 몇 개씩 발의되어 왔지만 제대로 논의조차 되지 않았다. 이유 또한 어이없다. 입법권을 침해한다는 국회의원들의 반발이다. 국민들에게는 기가 막힌 말이다. 입법을 하지 말라는 것이 아니라 입법을 마구 해서 국민들에게 해를 끼치지 않도록 품질을 점검하는 단계를 입법화하자는 것이니 입법권 침해가 아니라 입법권 지원이나 마찬가지 아닌가.

규제 틀을 전면 개편해야 우리 경제의 바람 방향을 바꿀 수 있다는 것이 공론화된다면, 적어도 의원 입법의 규제영향평가 도입 정도는 함께 포함시켜 결정하는 것이 가능해질 것으로 기대한다. 공론화를 통해 국회의원들이 얼마나 나라 경제를 진심으로 걱정하는지를 볼 수 있는 진실의 순간을 만들어 내는 것이 관건이다.

약간 다른 결의 내용이긴 하지만, 언론에서 수없이 지적됐으면서도 시정되지 않는 국회의원들의 행태로 小소위를 들 수 있다. '작을 소'자를 굳이 붙이는 이유는 어떤 법적인 근거도 없이 임의적으로 만들어 놓은 위원회라는 뜻인데 이를 통해 지역구 예산을 나눠 가진다.

정치인이 본인 지역구를 배려하는 것을 비난할 수는 없지만 문제는 어떤 기록도 남기지 않으면서 밀실에서 이루어지는 불법 행위라는 점이다. 모든 회의는 기록을 남겨야 한다고 명시된 국회법을 어기는 것인데, 이 점을 지적받으면 '회의가 아니기 때문에 불법이 아니다'라고 변명한다. 아니, 함께 모여서 나랏돈을 나누는 공적인 결정을 하는 자리인데 회의가 아니면 도대체 뭐란 말인가.

이를 제어해야 할 행정부 예산 부처는 오히려 이를 적극 이용한다. 목소리 큰 의원들의 요구에 '옛다' 하며 지역구 예산을 챙겨주는 대신 예산안 중 자신들이 중요하다고 생각하는 바를 관철시키는 것이다. 톡 까놓고 말해서 이는 본질적으로 국가 예산을 훔치는 것이다. 어떤 법적 근거도 없이 자신의 재선 운동을 위한 재원을 챙긴 후 기록을 안 남기는 것이니 대놓고 여야 사이 좋게 사익을 추구하는 행위다.

그간 '小소위 밀실심사'는 매년 예산 시즌마다 언론의 지적을 수도 없이 받았다. 2024년에는 감사원마저 小소위의 불투명성을 통렬하게 지적했다. 이미 지방으로 이양된 사업들에

2021~24년 2천 500억 원이 넘는 국비가 부당하게 배분됐다는 것이다.

그래도 정치인들은 눈 하나 깜짝하지 않는다. 국민과 언론을 전혀 겁내지 않는 오만인데, 이를 다른 말로 표현하면 공고한 특권의식이고 나라를 눈 아래로 보는 고압적 태도다. 이러니 '타다' 사태에서처럼 자신들의 사적인 이해와 부딪치면 그런 혁신 시도가 어떤 의미를 갖는지 상관하지 않고 단호하게 잘라 버린다.

그러나 유감스럽게도, 언론도 국민도 겁내지 않는 이들을 견제하는 것은 사실상 불가능하다. 어쩌다 '쪽지 예산 끼워 넣기' 행태가 보도라도 되면 지역구를 위해 열심히 일하는 것으로 비쳐 오히려 지역구에서 인기가 올라가니 백약이 무효하다.

그러니 이제는 공복으로서의 공인의식이 없는 이들을 사전에 골라낼 방안을 모색하는 것 말고는 다른 수단을 생각하기 어렵다. 허장성세로 국회의원이 되겠다는 의욕을 반감시키는 길을 찾는 것이다.

공인의식도 없으면서 굳이 정치에 진입하는 이유는 간단히 말해 그것이 대접받는 자리이기 때문이다. 보수 수준도 높고 많은 이들을 부릴 수 있고, 제 할 일은 안 해도 견제받지 않는다.

제대로 하려면 무겁기 짝이 없는 직업이지만, 그럴 생각이 없는 이들에게는 너무나 편하고 폼나는 자리다.

그러니 잿밥을 바라고 공복의 자리로 유입되는 이들을 방지하기 위해선 잿밥을 확 줄이는 게 필요하다. '국회의원 보수를 줄이고 기사 딸린 차나 보좌관 수 등 부가적인 조건을 축소하자'는 주장은 그간에도 있었지만 별 반향이 없었다. '특권 내려놓기' 차원에서만 논의됐기 때문이다. 국회의원이 자신의 일을 잘하게 하는 것이 중요하지 특권을 조금 갖는 것은 국가적 차원에서 부차적이라는 논리였다.

그렇지만 '잿밥 제거'는 단지 특권을 없애는 공정성 차원을 훌쩍 뛰어넘는 문제다. 제대로 일할 의지가 원래 없는 이들은 아무리 정치 혁신을 시도해도 달라지지 않으며 갑자기 공인의식이 샘솟지도 않는다. 반면, 잿밥을 줄이면 잿밥을 노리는 이들이 자발적으로 딴 길을 찾게끔 함으로써 제대로 일할 이들만으로 입직 경로를 조준하는 효과를 가질 수 있다. 소위 자가선택self-selection이다. 국민과 국가공동체를 위해 일하고 싶어 하는 이들로 채워지도록 인력풀의 옥석을 사전에 가려내는 것이다.

단, 보수가 너무 박하면 경제 기반이 없는 젊은 정치인들이 생계를 꾸리기 힘들고 정치인들이 부패의 유혹에 넘어가기도 쉽다는 문제가 있다. 그런 점을 고려해 보수를 지금보다 대폭 낮추되 평균적인 가구소득 수준 정도를 보장하며 조절하는 것이 필요하다.

기사 딸린 차를 이용하는 비용을 후원금으로 지불할 수 있게 하는 것도 금지할 필요가 있다. 이런 것은 의정활동을 위한 필수 요소가 아니라 폼재는 요소일 뿐이다. 정 그것을 원하는 이들은 개인 지출로 비용을 부담하도록 하면 된다. 업무를 위한 보좌 인력 규모도 지금보다 줄일 여지가 크다.

리더는 리더 일을 해야 리더다. 리더 일을 하는 데 꼭 필요하지 않은 잿밥들은 걷어내야 리더 일에 집중할 사람을 골라낼 수 있다. 폼재는 걸 좋는 이들이 지금처럼 국가와 시장 간의 관계를 고압적이고 수직적 관계로 만드는 주범이다. 이들 대신 겸손하게 혁신의 가치를 중시하고 공익에 헌신하면서 경제를 살릴 의지가 있는 이들이 필요하다.

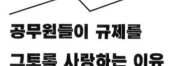

공무원들이 규제를
그토록 사랑하는 이유

혁신경제를 향한 경제 패러다임 전환을 위해 규제개혁위원회를 제대로 세우고 국회가 혁신 수용적으로 일하게 만드는 것도 필요하지만, 시장 영역과의 접면이 넓고 직접적인 공무원 조직 전체의 쇄신도 대단히 중요하다.

몇 년 전 교육부의 규제개선위원회 위원으로 참여한 적이 있었다. 회의가 다가오면 교육부 내 규제개혁 담당 공무원이 없애고자 하는 규제 후보들에 대한 자료를 보내왔다. 제보를 통해 규제개혁 후보가 발굴되기도 하고 교육부 내 규제 담당 공무원이 직접 발굴하기도 한다. 위원들은 자료를 검토한 후 회의에 참석하는데, 위원들 사이에서 갑론을박이 벌어져 교착에 이르면 규제는 원래 상태를 유지하게 된다.

그런데 보다 흔한 경우는 위원회 안에서 공감대가 형성됐다 해도 교육부 내 담당업무 부서의 반대로 원래 상태가 유지되는 것이다. 규제를 없애는 업무를 담당한 공무원은 개혁 대상 규제를 발굴하고, 담당업무를 하는 공무원은 이를 다시 무화시키는 구조다.

그런데 결사적일 정도로 규제를 유지하기를 바라는 공무원들의 태도를 보면서 뚜렷한 신념이나 논리 때문이라기보다 두려움 때문이라는 인상을 받곤 했다. 혹시라도 이 규제를 풀어 문제가 발생하면 본인이 책임져야 할 수도 있다는 두려움 말이다.

그런데 그 두려움의 뿌리는 규제의 부작용이나 없앴을 때의 효과에 대해 뚜렷한 판단을 내릴 정도로 지식과 경험을 보유하지 않기 때문으로 보였다. 막연한 두려움 때문이거나 그것이 체질이 돼서 관성으로 굳어져 버린 것이다.

국무조정실에서 규제 업무를 총괄해 온 지인의 말도 유사했다. 많은 경우 규제가 제자리에 온존하는 것은 공무원의 전문성 부족 때문이라는 것이다. 정책의 큰 방향을 조망하고 국제적인 흐름도 참조하면서 해당 규제가 어떤 부작용을 가지는지 그 의미를 뚜렷이 인식하면 용기도 생긴다.

그러나 보통은 반대다. 잘 알지 못하니 두려움이 크고, 두려움은 공무원의 보신주의로 귀결된다. 어떤 정부든, 초반에는 규제를 줄이라는 지시가 내려오기 마련인데, 중요한 규제는 건드리지 않고 별 의미 없는 규제를 잘게 쪼개 줄임으로써 숫자만 채우는 것은 일도 아니다. 담당 공무원보다 해당 규제를 더 잘 아는 이가 정부 안에는 없으니 얼마든지 가능하다.

또한 전문성뿐만 아니라 공무원의 유인 구조도 규제개혁을 저해하는 중요한 요소다. 규제를 없애면 공무원에게 유리한 점보다 불리한 점이 많다는 것이다. 규제가 공무원이 갖는 힘의 원천이기 때문에 규제가 없어지면 공무원으로서는 자신의 자산이 상실된다고 느낀다. 단지 심리적인 요소가 아니라 실제로 구조가 그렇다.

특히 고위직에 도달한 공무원은 퇴직 후 다음 갈 자리에 대한 고민이 크다. 내가 아는 1급 공무원 한 사람은 하루 업무 중 반 이상을 다음 자리 걱정을 하며 보낸다고 푸념했다. 그러니 규제를 통한 영향력을 자신이 옮겨 갈 다음 자리를 찾고 협상하는데 이용할 유인이 크다.

이런 이유로 우리나라가 혁신경제가 되는 데 가장 큰 장애는 구체적인 규제이기도 하지만, 그것을 휘두르며 사적인 자산으로 생각하게끔 만드는 공무원의 인사시스템 때문이기도 하다. 공무원 조직의 대폭적인 개혁이 경제 틀을 혁신경제로 전환하는 것의 선결 과제인 셈이다.

넷플릭스나 우버 같은 구독경제, 공유경제가 한참 확산되던 시기에 혁신기업의 세계적 허브는 실리콘 밸리에 근접한 도시,

샌프란시스코였다. 십여 년 전, 관련 업무를 하던 샌프란시스코 고위공무원이 한국을 방문했었다. 그는 "기업이 무언가를 시도할 때 부작용을 염려하며 규제하는 것이 아니라 기업이 그 시도를 쉽게 할 수 있도록 적극 돕는 것이 자신의 업무"라고 말했다. '일이 되도록 한다'가 자신들의 목표라는 것이다. 공무원이 이런 자세를 가져야 혁신경제가 가능해지지 않을까. 여전히 우리 기업들은 공무원들을 훼방 놓는 존재 아니면 사서 걱정하며 트집이나 잡는 존재로 인식한다.

사실 규제개혁과 관련짓지 않더라도 공무원 조직개혁의 필요성은 오래전부터 지적돼 왔다. 한계에 도달했다고 평가받는 게 바로 우리나라에서 유독 강력한 순환보직시스템이다.

한 직급으로 승진하면 맨 아래 하위 보직에서 출발해 그 위의 보직을 모두 거친 후 다음 직급으로 진급하는 Z형 인사이동구조이기 때문에 만약 한 보직에서 결원이 발생하면, 같은 직급 내 하위 보직을 맡은 이들이 한 단계 위로 연쇄 이동을 하게 된다. 이런 구조니 중앙부처 과장급 이상의 평균 재임 기간이 1년 남짓이다. 전문성이 쌓일 틈이 어디 있겠나.

2021년 한국행정연구원 조사에서 20대 공무원들이 전문성 향상의 가장 큰 걸림돌로 꼽은 것도 '순환보직으로 인한 잦은 인

사이동'이었다. 그간 이런 구조를 운용해 온 이유는 공무원이 한 가지 업무에 오래 종사하면 이해 집단에 포획될 가능성이 높아진다는 우려 때문이었다. 그러나 그 결과는 급변하는 시대 환경 속에서 자신의 업무를 이해하고 국민에게 최선이 되는 결정을 내릴 능력이 부족해진 공무원이다.

그런 부작용 중에서도 가장 해악이 큰 게 바로 '잘 몰라서 현 상태를 고집하게 되는' 규제개혁 분야다. 그러니 복잡해지는 사회 속에서 정부가 현실을 잘 이해하고 전문적인 판단을 할 능력을 갖추기 위해서는 어차피 공무원 조직개혁이 필요하지만, 경제 틀을 혁신 지향으로 바꾸기 위해서도 정말 절실하다.

그런데 공무원 조직과 인사시스템을 전면 쇄신해야 한다는 주장들이 그간 꾸준히 제기돼 왔음에도 불구하고 진척이 안 된 것은 이 시스템 속에서 성공한 공무원들이나 공무원 출신 인사들이 이를 방어해왔기 때문이다. 사실 이런 순환보직시스템은 장·차관과 같이 부처 전체를 조망하는 인적 자원을 길러내는 데는 효과적이다. 얇지만 넓게 아는 르네상스맨을 양성하기 때문이다.

그러나 장·차관을 꿈꾸는 야심 차고 시야 넓은 공무원을 양성하는 것이 공무원 시스템의 목표는 아니다. 시대의 요구에 부응할 지적인 능력과 공적인 마음자세를 동시에 가진 공무원을 양성한다는 목표에 인사시스템이 부응해야 하는 것이다.

공적인 마음자세와 전문성, 두 가지가 키워드인데, 이를 위해서는 공무원 조직 내에서 유능한 관료를 육성하되, 민간전문인력의 활용도를 높여 이해 집단의 포획도 막고 전문성도 높이는 것이 필요하다.

우선 전문 관료 트랙을 만들어 해당 업무에 오래 근무하면서 전문성을 키울 수 있도록 하자. 경력개발을 적극 지원하고 정년을 보장하는 식이다. 이는 부처 전반의 정책을 기획 조정하고 거시적 시야를 연마하는 일반 관료와 구분되는 트랙이다. 입직 후 몇 년이 지난 시점에서 트랙을 선택하게 하면 될 것이다.

두 번째는 국장급 이상 자리를 모두 민간에 개방해 전문성 유입과 포획 예방을 동시에 도모하는 것이다. 여기서 개방한다는 의미는 해당 부처와 타 부처 공무원, 민간전문인력 모두에게 지원 자격을 개방해 함께 경쟁하도록 한다는 것이다. 지금도 개방직이 있긴 하지만 주로 한직만 개방하기 때문에 뛰어난 민간 전문가들이 지원할 유인이 별로 없다.

고등고시라 불려왔던 5급 공채도 더 이상 시대에 맞지 않는다. 5급 지원자와 7급 지원자 간의 차이가 크게 줄었다는 것이 대략의 공감대이다. 또한 5급으로 입직한 공무원은 7급 입직자보다 15년 내외의 시간을 절약하고 시작하는데, 그만큼 빨리 1급에 도달하기 때문에 대부분 50대 중반에 공직을 떠나야 한다.

정부개혁 이슈를 깊이 연구한 박진 교수에 따르면, 이들은 퇴직 연령이 빨라 자리 걱정을 하게 되니, 퇴직 후 갈 기관에 미리 호의적인 결정을 내리고 퇴직 몇 년 후 취업 제한 기간이 끝나면 그 기관에 취업해 대정부 로비스트가 되는 사례가 허다하다고 한다.

그렇게 호의적인 배려를 보일 수 있는 대표적 수단이 바로 규제다. 규제개혁이 어려운 이유 중 하나다. 점진적이지만 지속적으로 5급 공채를 줄이며 7급으로 대체하는 것이 시대적 요구에 맞다. 5급 공채의 뿌리는 일제의 고등문관시험인데 정작 일본마저도 2012년 행정고시를 폐지했다.

정부가 시장을 주도적으로 이끌던 시대에는 야심도 있고 역량도 탁월한 인재를 공직에 불러들여 시장에 '지시'하게끔 하는 게 필요했을지 모르지만, 이젠 국민과 시장 위에 군림하려는 공무원의 태도는 오히려 화근이다.

'제왕적' 대통령 권력의 원천, 낙하산 나눠 먹기부터 없애야

사람이 정말 절박하면 태도가 달라진다. 흥청망청하던 태도가 싹 사라지고 가진 자원을 최대한 잘 활용하기 위해 머리를 팽팽 굴리게 된다. 그러니 아직도 여유를 부리고 씀씀이가 변하지 않았다면 마음이 아직 안이하다고 보면 된다.

국가도 똑같다. 정말 앞길에 대한 걱정이 많고 심기일전하고 있다면 가장 중요한 자원인 사람을 어떻게 쓸 것인가, 즉, 공공 부문 인사부터 달라질 것이다. 국가의 미래에 중요하다고 생각되는 자리에는 다른 어떤 고려도 하지 않고 나라가 가진 인적 자원을 어떻게 최대한 잘 활용할지만 생각해야 한다.

더구나 오늘날 경제 상황은 공공 부문의 지혜로운 역할을 더욱 절실하게 요구하고 있다. 예전처럼 민간 부문에 대고 대충 호령해도 찰떡같이 일이 이루어지는 시대는 멀리 떠나갔다. 글로벌 대기업도 생존하기 팍팍할 정도로 경쟁이 거세지고, 많은 영역은 이미 국가 대항전을 방불케 할 만큼 '국가가 시장을 돕는 전쟁'이 벌어지고 있다.

그런데도 우리의 시장 관계자들의 시각은 공공 부문이 너무 비효율적이고 느려서 민간 부문이라면 상상도 못 할 일들이 지속된다는 것이다. 특히 거대한 해일과 같은 AI 분야는 대통령의 아젠다가 돼야 한다는 목소리가 높을 정도로 우리의 시장 관계자들이 공공 부문의 둔감함에 불안해하고 있다.

이들이 불안해하는 이유는 우리 정부가 근거가 미미한 자부심에 빠져 상황의 절박함을 인지하지 못한다는 것이다. 사실 최근 보스턴컨설팅그룹BCG은 한국의 AI 기반 발전잠재력을 우리 정부보다 훨씬 박하게 평가한 바 있다. 미국, 중국, 영국, 싱가포르, 캐나다로 이루어진 선도 그룹에 들지 못한 2군으로 우리를 분류한 것이다.

사실 AI 기술은 글로벌 절대 강자들이 이미 형성되고 있긴 하지만, 우리만의 독립적인 영역이 확보될 필요가 있는 국가적 전략자산이다. 그런데도 정부의 식견과 기민함을 못 미더워하는 분위기는 시장 관계자들의 의욕을 꺾는다.

바이오나 콘텐츠처럼 다른 미래 유망산업도 정부 역할이 지금보다 훨씬 더 명민해져야 한다. 이는 산업정책의 시대가 다시 왔지만 예전과 같은 '대놓고' 승자를 밀어주는 산업정책이 아니라는 의미다. 급변하는 시대에 생태계 형성의 촉진자 역할을 해야 하니 국가가 얼마나 똑똑해야 할지 또 얼마나 열정을 다해 덤벼야 할지 걱정이 앞선다.

그런데 우리나라는 공직사회와 공공기관을 귀중하게 여기며 잠재력을 키우려 애쓰기보다 각 정치진영을 위해 복무하는 도구 정도로 취급하는 풍조가 강하다. 국가의 역량을 발휘하기 위한 최대 자원인데 말이다. 민주화 이래 쭉 악화돼 왔지만, 특히 근래에는 공무원 사기가 급전직하 중이다.

문재인 정부에서 적폐청산이 시작된 이래 정권에 따른 물갈이 현상이 더 거세지고 있기 때문이다. 정무직 아닌 공무원까지 정치적으로 취급하니 사명감을 느끼며 일할 동기를 애써 죽이는 셈이다. 중간 허리의 공무원들 퇴직이 늘어나고 있다는 보도를 보면 '지금 이럴 때가 아닌데' 싶다.

공무원뿐 아니라 공공기관에 대해서도 지긋지긋하게 반복되는 알박기 논란을 이제 끝낼 때가 지났다. 자신도 전 정권의 낙하산 인사면서 버티기로 새 정부를 골탕 먹이고, 실력 있는 인물인데도 무조건 전 정부 인사이니 나가라고 압박하는 찍어내기 관행은 정치놀음이자 패거리 간의 밥그릇 싸움이지 민생도 아니고 미래도 아니다.

사실 낙하산 인사의 규모는 역대 우리 정치와 경제 발전의 토양과 밀접하게 관련돼 있다. 정권이 바뀌면 대통령 당선에 기여한 인사들을 공직에 기용하는 것인데, 이러한 관행은 원래 '엽관제spoils system'라 불린다. 공직을 전리품spoils으로 간주하는 것이다. 이것의 반대 개념은 통상적인 공무원 인사 원칙으로, 중립적이고 객관적인 기준에 따라 능력과 경력을 기준으로 삼는 채용 방식이다.

엽관제는 원래 미국에서 발달됐다. 관료제가 일찍이 발달했던 유럽은 실적주의 원칙에 주로 의존하는 데 반해 미국은 관료제 발달이 더뎠던 건국 초기에 엽관제가 성행했다. 그러나 그 부작용이 심각해짐에 따라 합리화 조치들이 도입됐는데, 대표적으로 아이젠하워 대통령 때부터 작성하기 시작한 플럼북(자주색 공직 명부책)이다.

이는 대통령의 지명만 있으면 되는 자리, 상원 인준을 거쳐야 하는 자리, 공개경쟁을 통해야 하는 자리 등 9천여 개 주요 공직의 인사권한을 명확히 규정하고 있다. 한마디로 엽관제를 유지하되 명시적인 제도화를 통해 규모를 줄이고 투명성을 확보한 것이다.

반면, 우리나라는 국가주도시대에 형성된 정치의 고압성과 무소불위성이 아직 강하게 남아 있다. 공식적으로는 엽관제가 존재하지도 않는데, 실제로는 대규모로 운영하는 것이다. 대선 캠프에 참여했던 이들에게 공직으로 보상하는 관행이 굳어진 것인데, 대통령실의 영향력이 미치는 자리가 많게는 만 개가 넘는 것으로 추정된다.

흔히 개헌의 필요성을 논하면서 대통령 한 사람에게 과도하게 권력이 집중되어 있다는 문제점을 지적하는데, 낙하산 인사는 바로 그 과도한 권력 집중을 유지하고 강화시키는 핵심 기제다.

규모도 규모지만, 외관상 공모 절차를 통하도록 되어 있는데도 사실상 대통령실에서 '낙하산'을 꽂는 자리이다 보니 불투명하고 책임성도 없다. 성과가 형편없어도 실질적으로 꽂아 넣은 사람과 공식적으로 추천한 사람이 다르니 인사 실책의 책임을 물을 수 없다.

현실적으로 국정철학을 긴밀히 공유해야 할 자리들이 어느 나라나 있을 것이기 때문에 낙하산 인사가 존재하는 것 자체를 문제 삼을 수만은 없다. 그러나 우리나라만 유독 낙하산 인사의 규모가 크고 불투명할 이유 역시 없다.

얼마 전 인터뷰 기사가 나온 서울대 쇤헤어 교수는 독일 출신인데, 젊은 시절 우리나라 낙하산 인사가 신기해 박사 논문을 썼고 그것으로 미국 프린스턴대 교수가 됐다. 공기업과 은행의 인사가 정치적 연줄로 이루어지는 것이 경제에 어떤 비효율을 가져오는지를 실증적으로 분석한 내용이었다.

그는 "정부가 바뀔 때마다 공공기관 주요 요직에 자기 사람을 꽂아 넣고, 민간에서도 정치적 연줄을 기대한 코드 맞추기 인사가 일어나는 것이 한국 특유의, 그러나 정권과 상관없이 나타나는 보편적 현상"이라면서 "경제적 자원 배분에 거대한 왜곡을 발생시키고, 전문성 없는 정치적 인사가 횡행하면 사회 전체적으로도 능력과 실적에 기반한 인센티브 체계가 붕괴될 것"이라 평했다.

구구절절 옳은 말이다. 공정에 대한 사회적 요구가 계속 높아져 왔는데도 이 문제가 개선되지 않은 걸 보면, 우리의 정치권력이 얼마나 국민 위에 군림해 왔는지 알 수 있다. 국민 역시 그동안의 세월 동안 새 정부가 들어설 때마다 공수만 바꿔가며, '알박기, 버티기, 찍어내기'를 반복하는 것을 겪으면서 익숙해지고 무감해졌다. 국민의 잠재력을 억누르는 철갑을 말없이 견디게 됐으니 말 그대로 가스라이팅이라 할만하다.

권력 구조 개편을 위한 개헌이 앞으로 심도있게 논의되겠지만, 눈에 잘 띄는 영역만 번듯하게 고칠 것이 아니라 낙하산과 같은 비공식 영역도 근본적으로 뜯어고치는 것이 필요하다. 우리도 플럼북에 준하는 장치를 만들어 정무직과 정무직 아닌 공직을 뚜렷이 구분하고 임명권자의 권한과 책임 소재를 분명히 하는 것이 필요하다.

유관기관 낙하산뿐 아니라 정부 내 공직도 마찬가지다. 국가가 앞으로 절체절명의 시기를 헤쳐나가야 한다고 걱정하는 마음에 진정성이 있다면, 장·차관과 같은 정무직도 정치적 친소 관계보다 능력과 도덕성에 대한 고려가 더 커져야 한다. 무엇보다 실장 이하 비정무직에 대해선 정치 바람으로부터 자유롭도록 철저히 보호하고, 관료사회 고유의 직업의식을 살리며 증진해야 한다.

동서고금을 막론하고, 나라가 발전하기 위해서는 '중요한 과제에는 최적의 사람'이란 원칙이 무엇보다 중요하다. 공공 부문에서 대충 역량을 낭비하고 정치공학적 필요로 써먹어도 어차피 경제는 성장한다고 느긋해 했던 시대가 더 이상 아니다.

쇤헤어 교수 인터뷰 말미에 눈길을 끈 부분은 그가 우리 국민의 잠재력을 평한 부분이었다. 그는 "미국 같으면 이런 비효율적 시스템 속에서 개인이 어찌할 바를 모를 텐데, 한국은 개인들이 잠재력이 높고 효율적으로 일하며 시스템을 극복하는 것 같다"며 "제도적 비효율성만 타파되면 훨씬 더 경제가 좋아질 것"

이라 평가했다.

사실 미국에서 생활할 때 나도 그와 똑같이 느꼈다. 관공서나 은행에 갈 때마다 담당자의 미련함에 울화통이 터지는 경험을 반복하면서 '나라는 선진국이지만 시스템 덕분에 먹고 사는 나라'라는 느낌을 받았다. 그러니 우리 국민처럼 기민하고 역량 있는 개인들을 불공정하고 낙후된 시스템으로 억누르지만 않으면 얼마나 좋은 에너지가 경제를 뛰게 할 것인가.

3

노동시장, 공정하고 유연하되 안정적일 수 있을까

COLD

CASE

지나간 시대의
갈등에 갇혀버린 나라

윤석열 정부 초반 한 라디오 프로그램에 출연했을 때 '노동개혁이 도대체 왜 필요하냐'는 질문을 받았다. 당시 스튜디오 안에는 40대, 50대, 60대 남성이 자리하고 있었는데 모두 진보적인 정치 성향을 보여 온 이들이었다.

나는 다음과 같은 질문을 던졌다. "두 가지 원칙에 대해 우리가 동의할 수 있는지를 먼저 묻고 싶습니다. 첫째, 비록 좋은 스펙을 쌓지 못해 첫 취업을 비정규직으로 한 젊은이라도 지금부터 열심히 하면 언젠가는 대기업 정규직으로 옮길 수 있다는 희망을 가질 수 있어야 하지 않나요? 둘째, 직장에서 성실하게 일하고 성과도 좋은 사람이 그렇지 않은 사람보다 더 나은 보상을 받아야 하지 않나요?"

그 자리에 있었던 모두가 당연하다며 동의했지만, 평소 그들은 노동개혁에 반대하는 입장들이었다. 노동개혁의 궁극적 목표를 이렇게 풀어서 말하면 기꺼이 찬성하지만, 노동개혁이란 단어에는 거부감을 느낀다. 오랜 세월 동안 의식에 새겨진 반감이 강하기 때문이다.

가장 불행한 세대는 지나간 시대의 대립 속에 갇혀 지금의 문제를 제대로 풀지 못하는 세대다. 우리가 그렇다. 권위주의 정권들이 노조운동을 억압했던 역사 속에서 친노조, 반정부가 진보라고 생각했던 입장은 세상이 개벽 수준으로 변해도 고정돼버렸다.

나는 1996년에 미국 컬럼비아대학으로 유학을 갔다. 학교가 뉴욕 맨해튼 윗부분에 있었기 때문에 전철로 15분 정도만 내려가면 교포들이 일궈 놓은 한국인 거리가 있었다. 주말이면 거기서 2~3주일 치 장을 봤는데, 한국 생각이 많이 나는 날에는 슈퍼 옆에 있던 한국 서점에 들르곤 했다.

하루는 장바구니를 들고 책구경을 하다가 소설가 신경숙의 『외딴방』을 사 들었다. 몇 년 전에 이미 읽은 책이었지만, 워낙 좋아하던 책인지라 그곳에서 보니 무척 반가웠다. 그냥 가까이 됐다가 기분이 꿀꿀한 날에 봐야지 싶었다.

그런데 돌아오는 전철에서 아무 페이지나 펴서 무심코 읽기 시작했다가 낭패를 봤다. 사람이 적지 않은 전철이었는데, 감정이 북받쳐 올라 눈물이 쏟아지면서 콧물까지 주룩주룩 흐르는 것이었다. 거의 30년이 지났는데도 그날 주머니에 휴지가 없어 콧물을 닦지 못해 황망했던 기억이 지금도 생생하다.

『외딴방』은 82학번 저자의 자전적 소설이다. 공장을 다니며 밤에 산업체 부설 야간학교를 다니던 시절의 이야기인데, 그날 내가 펼친 페이지는 노조에 가입했다가 학교를 보내주지 않겠다는 회사의 협박을 받고 동료를 배신하는 장면이었다. 학교를 다니기 위해 서울까지 올라와 공장에 다니고 있었던 어린 소녀들은 떳떳지 못하다는 느낌을 억누르며 작은 배신을 한다. 10대 소녀들이 동료들이 파업을 위해 비운 자리를 버티고 앉아 "이런 게 바로 수치야" 하며 눈물을 글썽이는 장면이 너무도 가슴 아팠다.

이런 일이 비일비재하던 시절이 우리 세대의 집단 기억이다. 이렇게 노조 활동을 사용자가 방해하는 것은 부당노동행위라는 심각한 위법 사항이다. 만약 그 시절 법이 살아 있었다면 이 공장 사장은 노조법 위반으로 감옥에 갔어야 한다. 법은 멀쩡하게 만들어 놓고 '일단 먹고는 살아야지' 하면서 지키지 않던 시절이었다.

그런 정책 기조 속에서 경제는 빠르게 성장했지만, 보호와 교육을 받아야 할 소녀들은 수치를 먼저 배웠다. 이들을 돕겠다며 다니던 대학을 그만두고 공장에 위장 취업했던 선배들도 여럿 있었다. 난 그 선배들이 용기와 정의라는 개념에 가장 가까이 간 사람들이라 생각하면서 젊은 날을 보냈다.

비록 위장 취업은 불법이지만, 법을 안 지켜도 처벌받지 않는 사장님과 이들을 눈감아주는 행정, 경제 성장을 위해 노동권이 멀쩡하게 명시된 법 조항을 사문화시켰던 정치 권력의 시대에 어떻게 법을 꼬박꼬박 지킬 수 있었겠나. 다른 악이 훨씬 커 보였으니 이쪽은 정의로울 뿐 아니라 그 시대의 변화를 추동하는 합리성이기도 했다.

지금은 세상이 변했나? 난 많이 변했다고 생각한다. 독재 정권이나 노조 탄압처럼 거악이 존재하니 어떤 수단을 동원해서라도 싸워 이기는 게 필요하다고 여겼던 시대는 지나갔다. 권력을 쥔 통치자나 일반 국민이나 법을 지켜야 한다는 게 보편 규범이 됐다. 권력자들이 불법을 숨길 수는 있겠지만, 적어도 발각이 되면 책임을 져야 하는 나라다.

노사도 이 점은 마찬가지다. 법치가 자리를 잡아가는 과정에서 이젠 '파업 등 쟁의행위는 근로자의 당연한 권리, 단, 합법적으로'라는 원칙이 기준점이 됐다. 또한 글로벌 경제 속에서 한국이 첨단 영역의 경쟁자로 발전한 이상, 예전처럼 노사가 적대적으로 죽자고 싸우기만 해서는 급변하는 환경 속에서 서로 위험해질 뿐이다. 협력적 관계가 절박한 시대다.

보편적 합리성을 존중하는 태도도 마찬가지다. 업무 성과가 좋지도 않은 선배들이 회사에 오래 다녔다는 이유만으로 젊은이 봉급의 두세 배를 타간다면 젊은이들 입장에서 불합리하다. 과거의 사연이 무엇이든, 불합리함을 지적하는 목소리를 권위로 찍어누를 수 있는 시대가 아니다.

무엇보다 큰 변화는 그동안 경제구조가 너무 많이 변해서 친노조가 곧 친노동이 아니며 친약자도 아니라는 점이다. 우리 산업이 전성기를 구가하던 시절에 자리를 굳힌 대기업 강성노조들이 자신들의 이해를 위해 상층 근로자만 대변하는 한, 80년대 진보였던 강성노조는 21세기 수구가 돼버린다. 노동개혁의 주체가 아니라 대상이 되는 것이다.

그런데 그간 고착화된 사고방식과 시장구조를 바꾸는 것은 무척 어려운 일이다. 노동 부문의 규제는 우리나라가 기업을 쫓아내는 나라라는 평판을 얻게 된 핵심 원인일 정도로 갈라파고스적이며 강력하다. 그래서 노동시장 전반을 합리화하는 노동개혁을 위해서는 민주화 이후 거의 40년간 우리 삶을 지배해 온 사고방식과 도덕감각을 바꾸는 것이 필요하며, 그렇기 때문에 고민도 많아야 하고 끈기도 필요하다.

역사의 씨줄과 날줄 속에서 본 우리 노동정책

내가 대학에 들어간 1989년은 여의도에서 큰 집회가 많이 열렸다. 수만 명이 질서정연하게 행진하는 장면들을 보며 역사적 순간을 지나고 있다는 느낌을 받곤 했다. 훗날 '노동정책사'를 학생들에게 가르칠 때 빼놓을 수 없는 게 바로 그 노동자 대투쟁 시기다. 그런데 내 머릿속에서 우뚝 서 있던 그때의 이미지는 세월 속에서 계속 새로운 현재적 의미를 획득해왔다.

　역사 속에서 그 시기가 어떤 의미를 갖는지 가늠하기 위해서는 일제강점기까지 거슬러 올라가야 한다. 우리 노사관계 특

성 중 상당 부분은 그때 형성됐기 때문이다. 우리나라 임금노동
자는 민족자본이 형성되면서 자연스럽게 형성된 것이 아니라 개
항 이후 갑자기 생긴 항만물동량을 처리하기 위해 출현했다.

자원도 외세가 개발하고 나라도 곧 식민지화됐으니, 초기의
노동조합운동은 근로자의 근로조건 개선보다 반외세 반정부 투
쟁 성격을 띠었다. 노사관계를 대정부 투쟁으로, 사용자를 타협
이 아닌 투쟁의 대상으로 인식하는 경향은 이때부터 형성됐다.

과격할수록 애국적이고 타협은 어용이라 치부됐다. 그 같은
정서는 노동운동가뿐 아니라 외세에 저항하는 일반 국민으로로부
터도 지지받았다. 또한 노조 활동은 임금과 근로조건 향상이 아
니라 정치적 목적 달성의 수단처럼 인식됐다.

사실 우리 경제는 이미 글로벌 경제 속에 고도로 개방된 체
제가 됐지만, 민족 감정에 호소하며 반외세 운동을 펼치거나, 나
아가 반정부 정서로 노동운동을 이끌며 정치적 목적을 앞세우
는 특성이 아직 강하다.

지금도 민노총의 강령은 "우리는 노동자의 정치세력화를 실
현하고 제민주세력과 연대를 강화하며, 민족의 자주성과 건강
한 민족문화를 확립하고 민주적 제권리를 쟁취하며 분단된 조
국의 평화적 통일을 실현한다"라는 내용을 첫 부분에 담고 있

다. 한미 군사훈련 중단, 주한미군 철수 등도 꾸준히 주장해왔는데, 2022년 8월에는 한미동맹해체를 주장하는 대규모 집회까지 열어 비판받았다.

관료들 역시 건강한 노동정책을 가꾸는 데 장애물이었다. 이들은 일제가 그랬던 것처럼 노동 문제를 치안 문제로 착각하는 경향이 강했다. 국가공동체 안에서 노사는 서로 대립하면서도 결국 같은 곳을 바라보는 존재들이라는 개념이 존재하지 않았다.

정부 수립 불과 5년 후인 1953년에 노동법이 만들어졌지만, 맥아더 군정 하의 일본 노동법을 베껴온 수준이었다. 일본법 역시 대륙법 체계와 미국법 체계가 짬뽕이 돼 있었던지라 우리 노동법은 시작부터 현실과 괴리가 컸다. 먹고 살기도 힘든 시절이라 일거리만 있으면 자는 시간만 빼고 장시간 노동도 마다하지 않는데, 노동법은 주 48시간 근로를 기준으로 삼았을 정도니 법 제정과 동시에 사문화되는 수준이었다.

선진국의 경우에는 시장경제가 발전하고 임금노동자가 확대되는 과정에서 노조가 성장해 사용자와의 노사관계가 확립되고, 관련된 사용자와 정치권 등 여러 세력들과의 상호작용 속에 노동법 체계가 형성됐지만 우리는 전혀 아니었다. 사용자도 제대로 없는 상황에서 현장 사정과 괴리된 선진국 노동법을 먼저 도입한 후, 어둠 속에서 거꾸로 길을 더듬어가야 했다.

노동법을 몰랐던 건 노사도 마찬가지였다. 행정부터 전문가 역량, 사회문화적 토양까지 모든 게 가슴 아플 정도로 부족했던 시절이었다. 이런 노사관계의 민주적 제도화는 경제개발 목표에 비해 우선순위가 한참 뒤처졌다.

그런 시간 속에서 맞은 1987년 민주화는 노동정책 면에서도 거대한 의미를 가진다. 그간 억눌렸던 근로자들이 정치적 통제가 느슨해진 틈을 이용해 노동조합을 결성하고 임금 인상을 요구하기 시작한 것이다. 개발독재 동안 막혀있던 봇물이 민주화 흐름을 타고 터지는 시기였다.

사실 1970년대 후반에는 이미 산업화의 진전 속에서 노동시장이 수요·공급 원리에 따라 시장답게 작동하기 시작했다. 그런 만큼 제대로 된 노사관계가 형성되도록 해야 했는데도 정치권력은 시대를 읽지 못했다. 계속 노조 활동을 억눌렀기 때문에 어용노조와 근로자들 갈등이 고조된 것이다. 어용에 대한 투쟁이란 곧 대정부 투쟁이 됐고, YH 사건과 같은 엄청난 폭발로 이어지면서 유신정권이 종말을 맞았다.

1980년대 말 노조결성과 단체협약요구는 말 그대로 폭발적이었다. 1987년 6월 2천 700여 개에 불과했던 단위노조는 1989년 7천 800여 개에 이르렀다. 그 결과 1987~89년에는 실질임금의 대폭적인 인상이 이루어졌고, 1986년 276건에 불과하던 노사분규 건수 역시 1987년에는 3천 749건에 달할 정도 폭발적으로 증가했다. 대부분이 임금 인상 요구였다.

그런데 동전의 뒷면처럼, 이때 제조업 실질임금이 급증한 것은 우리나라 경제의 체질을 급격하게 바꾸는 에너지이자 압력이 됐다. 이 시기 임금 상승이 어느 정도였냐면 1986년 29만 4천 원이었던 제조업 월평균 임금이 1989년에는 49만 2천 원으로 거의 두 배로 증가했다. 임금이 노동생산성을 크게 앞지르게 된 것이다.

이것은 또다른 국면을 열었다. 노조의 임금 인상 압력을 받은 대기업들이 인력 사용을 억제하기 위해 자동화 투자를 가속화함으로써 노동 절약적 생산체제가 본격화됐다. 이때 자본 투자로 고용을 억제하고 노동생산성을 급증시킨 것은 글로벌 경쟁에서 우리나라 대기업이 경쟁력을 가질 수 있었던 요인이 됐지만, 동시에 대기업의 좋은 일자리를 희소하게 만들어 실업과 고용불안 문제를 심화시켰다. 고용안정이 우리나라 노동시장의 최대 쟁점이 되기 시작한 것이다.

요즘은 1990년대 글로벌 경제가 정보기술을 중심으로 대전환을 겪은 것과 유사하게, AI 기술이 또 한 번 기술지형과 산업구조를 크게 뒤흔들리라 예측하며 숨죽이고 관찰하는 중이다. 그런데 우리나라 노동시장과 제도를 돌아보면 이런 과정을 겪었으면서도 시대에 비해 참 안 변했다 싶다. 기본적으로 우리의 마음자세가 시대 변화의 속도를 못 따라왔기 때문인 것 같다.

법 테두리 내에서 자율과 책임의 원칙으로 협상하고 결정하는 관행은 아직 허약하다. '내가 약자고 정의이니 내가 뭘 하든 책임을 묻지 마라'는 정서가 여전히 강하다. 사실 노동개혁은 이런 '자기 중심사고'를 극복하고 모두의 권리를 존중하는 방향으로 옮겨가자는 노력이 아닌가 싶다.

노동시장의 2중 구조를 타파하려면

문재인 정부나 윤석열 정부 모두 대부분의 기간 동안 우리 노동시장 상황이 양호하다고 진단해왔다. 취업자 수가 크게 늘었고 실업률도 낮다는 것이다. 사실 2024년 11월만 해도 취업자 수는 2천 900만 명에 육박하고 15~64세 고용률은 69.9%로 11월 기준 역대 최고 수준을 기록했다. 그런데 문제는 숫자 속 내용이다. 증가한 취업자 수는 거의 60대 이상이 견인했고, 그 상당수는 세금으로 만든 일자리다. 문재인 정부 시기에도 비슷한 문제가 있었고 자화자찬도 심했지만 지금은 상황이 더 악화됐다.

청년들 사정을 보면 그렇다. 청년 취업자가 줄어들고 있고, 취업을 포기하고 '그냥 쉬고 있다'는 비율도 늘고 있다. 첫 일자리를 얻는 데 걸리는 시간이 길어져 11개월에 이를 정도다. 2004년 통계가 만들어진 후 가장 긴 기간이다. 겉만 멀쩡하지 속은 곪아 터지고 있는 것이다.

이렇게 상황이 어려워진 데는 경제 활력이 떨어져 좋은 일자리가 만들어지지 않는 것도 원인이지만 노동시장 내부 문제점도 크다. 시장 내의 이동 가능성, 즉 유연성이 떨어져 어지간하면 청년들이 취업을 하려고도 기업이 채용을 하려고도 하지 않고 버티기 때문이다.

한국개발연구원KDI 보고서에 따르면 첫 취업이 어떤 일자리인지가 미래 일자리에도 영향을 미친다는 것이 우리나라 노동시장의 특성이다. 청년들이 중소기업이나 비정규직으로 일을 시작하면, 오히려 일을 시작하지 않고 쉬었던 청년보다 나중에 대기업 정규직에 취업하는 게 더 어렵다는 것이다.

내 주변 선배들 중 자녀의 조기 취업을 오히려 말리는 부모들이 여럿이다. "내가 돈을 버는 동안은 먹이고 재워 줄 테니 중소기업에 취업하지 말아라. 차라리 몇 년 더 취업 준비를 해라"며 말린다고 한다. '그래도 일을 해야 배우는 것도 있고 쌓이는 것도 있지'라고 생각하는 부모들과 팽팽하게 의견이 갈릴 정도다.

하여튼 이러니 중소기업으로 우수인력이 유입되지 않고, 생산성도 잘 오르지 않는다. 반면 대기업들은 대졸자 공채를 줄이고 경력직 위주로 채용한다. 한번 사람을 뽑으면 상황이 어려워져도 기업이 망하지 않는 한 고용을 조정하기 어렵기 때문이다.

이런 경직성은 외국 기업들이 투자를 망설이게 하는 원인이기도 하다. 해고·배치전환 등 고용조정과 임금조정이 힘들다는 것인데, 한국에 투자한 외국 기업이나 국내 기업인들에게 경영하기 좋지 않은 나라로 꼽히는 핵심 요인이다.

사실 '목표 대비 얼마나 부족한지'라는 기준으로 봤을 때 모든 정책 과제 중 가장 열악한 것이 노동시장 관련이다. 시장 활력을 가장 심각하게 억제하는 장애가 노동규제라는 뜻이다.

그런데 노동계는 오히려 노동시장이 너무 유연하다고 지적

한다. 이렇게 입장들이 상반되는 것은 노동시장의 어느 부분을 근거로 내세우느냐에 따라 생긴 차이이다. 우리나라 노동시장은 극명하게 다른 두 부분으로 구성되어 있다.

1차 노동시장을 이루는 대기업 정규직, 공공 부문은 임금, 근로시간, 일자리 안전성 등 근로조건도 좋고, 노조도 잘 조직돼 있어 노동보호법제도 매우 경직적으로 지킨다. 반면 2차 노동시장은 중소기업·비정규직을 일컫는데, 열악한 근로조건으로 입직과 이직이 잦으니 유연해도 너무 유연하다.

대기업은 노조조직률이 46%, 공공 부문은 70%에 이르지만 전체 근로자의 반 이상이 일하는 30인 미만 사업체 노조조직률은 0.1% 정도에 불과하다. 영세업체는 노조조직률이 거의 0에 가까우니 근로자 권익을 보호할 존재로서의 노조는 아예 체감되지 않는다.

사실 삼성전자 근로자와 근로기준법 적용도 안 되는 영세제조업 근로자는 같은 근로자 계층이라 묶이기 어려울 정도로 차이가 크다. 1차 노동시장에 고용된 근로자는 대략 전체의 15%에 불과하다. 15 대 85의 시장인 셈이다.

이렇게 격차가 크기 때문에 2중 구조라 불리느냐 하면 그렇지만도 않다. 격차도 격차지만 핵심 문제는 장벽이다. 모든 근로자가 1차 시장에 진입하기를 원하지만 2차 노동시장에서 아무리 일 잘하고 성실해도 1차 시장의 입구는 공고한 장벽이 막고 있다. 격차가 큰 것보다 막혀 있는 게 더 문제라는 것이다. 성과가 어떻든, 조직 불화의 근원이 되건 말건, 1차 시장에서는 '오피스 빌런들'이 건재하다.

이런 구조는 학교를 졸업하고 새로 노동시장에 진입하는 젊은이들한테 훨씬 불리하다. 일단 뚫고 들어가야 하는데 이미 자리 잡은 사람이 얼마든지 버틸 수 있는 구조이니 그게 어렵기 때문이다. 이 두 시장 간의 벽을 허무는 것은 대기업과 공공 부문 정규직 고용 보호가 지금보다 완화되는 것을 뜻한다. 장벽에 구멍이 나야 양부문 간 이동이 쉬워지고 그래야 격차도 점차 줄어든다.

그런데 사실 2중 구조 문제는 대기업·공공기관의 철밥통 문제에만 국한되지 않는다. 보다 근본적으로 대기업과 중소기업 간 생산성 차이가 크기 때문이다. 예를 들어, 현대자동차와 이곳에 부품을 납품하는 3차 하청 간에 보수 차이가 큰 것은 주로 각 사업장에서 만들어 내는 부가가치가 다르고 근로자 생산성이 차이나기 때문이다. 그러니 중소기업이나 영세자영업자의 생산성을 올려 근로자 처우를 개선시키는 것도 매우 중요하다. 그러나 이것은 대기업·중소기업 간 불공정 거래를 해소하거나 중소기업 생산성을 향상시키는 기업정책 차원에서 노력해야 하는 문제다.

그런데도 노동개혁에서 주로 2중 구조를 언급하는 것은 노동시장 정책 차원에서 2중 구조를 해소할 여지가 (전부는 아니지만) 매우 크기 때문이다. 이것이 바로 노동개혁의 몸통이다. 그런데 1차 노동시장의 고용보호 수준이 좀 낮아져서 유연성이 늘어난다면, 정말 2차 노동시장 청년에게도 1차 노동시장으로 진입할 가능성이 생길까?

그렇다. 대기업이나 공공기관에서 고용의 유연성이 더 증가한다면, 지금처럼 훗날 걱정을 하느라 까다롭게 신입직원을 선발하지는 않을 것이고, 이런저런 특성의 청년들을 다양하게 채용할 것이다.

비정규직으로 채용했었는데 일도 잘하고 조직에 잘 어울렸던 청년, 하청사에서 평판이 좋았던 청년, 특별한 스펙 없이 알바만 전전했지만 잠재력이 있어 보이는 청년 등 말이다. 무엇보다 이동의 흐름이 생기는 것은 인생의 시작점에 고착되지 않을 수 있다는 희망의 흐름이다.

그래서 어느 나라나 노동개혁 목표는 청년들의 취업과 노동시장 사다리 상승을 용이하게 하는 것이다. 비록 지금은 처지가 초라해도 자신의 노력으로 상황을 바꿀 수 있다는 꿈이 가능한 사회인지가 노동개혁이 던지는 질문인 것이다.

그럼 어떻게 돼야 하나? 예전에 노동개혁 관련 회의에 참석했다가 누가 내게 노동개혁의 목표가 무언지 물었다. 순간적으로 나온 말이 "사람을 채용하는 걸 사장이 겁내지 않고, 근로자는 이직을 겁내지 않는 상태 아닐까요?"였다. 나중에 생각해보니 개혁의 모든 면을 포괄하지는 못하지만 가장 중요한 측면을 짚는 말로 느껴졌다. 시간이 지난 후 다른 분들이 자신도 그 말을 쓰기 시작했다며 고맙다고들 했다. 조금 풀어서 표현하자면, 근로자 입장에서 봤을 때, 좋은 직장을 떠나게 돼도 다른 기회가 풍부하기 때문에 이직을 걱정할 필요가 없는 상태가 이상적이다.

그러나 이를 위해서는 만약 시장 상황이 급변해 현재 다니는 직장에서 부서가 없어지거나 내 능력이 필요 없어진다 해도 질 좋은 재훈련과 생계 지원을 받으며 더 좋은 기회를 준비하고 꿈꿀 수 있도록 인프라가 잘 마련돼야 한다. '두려워하지 마라'고 말로만 할 게 아니라 두렵지 않도록 인프라와 안전망을 구비하는 사회정책이 중요하다.

사업주 입장에서는 나중에 회사 사정이 나빠져도 고용을 줄이는 게 어렵지 않다면, 지금 사람 뽑는 것을 망설이지 않을 수 있다. 서로 변화를 무서워하지 않는 것이다. 양자가 모두 스스로가 튼튼하다는 느낌을 가지는 여유 있는 상태다. 세파의 희생자가 될 것이라는 공포를 갖는다면 이런 상태는 오지 않는다.

결국 2중 구조를 없애 노동시장을 유연하게 만드는 게 노동개혁의 핵심 목표가 되어야 한다. 혁신이 중요한 경제일수록 기업가가 기회를 포착했을 때, 그곳으로 노동과 자본을 기민하게 조정할 수 있는지가 관건이기 때문이다. 사업성이 없어진 부서는 과감하게 없애거나 유망한 분야를 새로 만드는 게 기업의 빠른 대처 능력을 결정한다.

지금 같은 경직된 구조를 허물기 위해서는 무엇보다 한번 자리 잡은 근로자를 보호하기 위해 취업희망자를 외면하면서 '내부자만 절대적 중심에 두는' 사고방식에서 벗어나야 한다. 이제까지 우리가 익숙했던 생각들과 이별해야 할 것이 많다는 것이다.

임금체계 개편과
계속고용을 위한 해법

우리가 별로 의식하지 않지만 몇 가지 직종은 어디로 직장을 옮기든 대략 예상되는 보수 수준이 있다. 월급제로 채용된 약사나 도서관 사서 등은 일하는 직장 규모나 경영 사정에 따라 보수가 크게 차이나지 않는다. 하는 일에 따라 급여가 대략 정해진다는 의미에서 직무급이라고 부른다.

만약 직무급이 특정 직종에서만이 아니라 일반적으로 통용된다면 어떨까? 대기업이라고 보수가 아주 높지도 않고, 동네 중소기업으로 옮겨도 별로 나빠지는 게 없으니, 아마도 굳이 현재 다니는 직장에 목매달 이유가 별로 없을 것이다. 물론 대기업의 고용 안정성이 훨씬 높기 때문에 여전히 선호되겠지만, 고용 안정성을 유지하기 위해 노조가 결사 항전을 할 이유도 줄어든다.

노사관계가 발전한 나라들에서 보편적으로 쓰이는 방식이 바로 이 직무급에 성과급을 혼용하는 것이다. 하는 일에 따라 보수의 큰 줄기가 정해지고 경영 성과와 개인 차이를 반영하는 차원에서 성과급이 함께 활용된다.

그런데 우리나라는 아주 특이하다. 지배적인 임금체계가 연공급이다. 이는 그 회사에서 일한 기간에 따라 보수가 올라가는 구조다. 고성장 시대 유산인데 그간 고치지 않아 아직도 지배적인 임금체계다.

예전에 경제가 빠르게 성장하던 시기에 회사들은 앞으로도 회사가 성장할 것을 예측했기 때문에 손발을 맞춘 인력이 회사를 떠나는 것을 주로 걱정했다. 인력을 붙잡기 위한 수단으로 활용된 것이 '1년 더 일하면 자동으로 보수를 올려주는' 연공급(호봉제)이었다. 한 회사에서 일한 근속연수가 길어지면 보수도 높아지니 다른 회사로 옮겨 원점부터 다시 시작할 이유가 없다.

원래 이는 일본으로부터 수입된 것이었는데, 이제는 전 세계에서 우리가 가장 가파르다. 가파르다는 것은 젊은 직원과 오래 다닌 직원 간 보수 차이가 세계 1등이고, 중년 직원 보수가 생산성을 초과하는 괴리 정도도 1등이라는 것이다. 이는 어떤 일을 하는지, 일을 잘하는지 열심히 하는지와 상관없이 보수가 정해지는 정도가 세계에서 1등이라는 뜻이다.

다른 선진국들도 고성장 시기에는 연공급 제도를 사용했지만 성장이 잦아지면서 제도 변화를 꾀해왔다. 반면 우리는 지난 십수 년 제도개혁의 필요성은 절실했지만 성공하지 못했다. 대기업과 공공기관 노조가 강력하니 난망이었던 셈이다.

또한 이 문제는 1차 노동시장과 2차 노동시장 간 보수 격차의 주범 중 하나이기도 하다. 고용보호도 1차 노동시장이 훨씬 더 강하지만, 임금체계가 연공급인 이상 고용안정은 곧바로 보수의 차이로 증폭된다. 계약직이나 비정규직은 긴 근속연수가 애초에 주어지지 않으니 보수 인상이 원천적으로 제한되기 때문이다. 그래서 노동개혁 과제 중 가장 시급한 정도를 꼽아보면 임금체계 개편이 으뜸이라는 데 많은 이들이 동의한다.

임금체계를 뜯어고쳐야 할 필요성은 지난 십수 년간 언제나 개혁 과제의 꼭대기를 차지했지만, 최근에는 새로운 각도에서 절박성이 제기되고 있다. 바로 베이비부머들의 은퇴로 인한 정년연장 이슈가 강력히 제기되면서부터다.

오래 산다는 것은 건강 연령도 높아진다는 뜻이니 당연히 소득을 더 오래 창출해야 할 필요성뿐 아니라 가능성도 커진다. 그런데 현재는 정년연장이라는 말에 회사 사장, 기관장들이 겁부터 낸다. 근속연수에 따라 따박따박 보수가 올라가니 근속연수가 오래된 직원은 인건비가 부담되기 때문이다. 그런데 나라 전체로 봤을 때 정년연장의 가장 큰 문제는 젊은이들에게 가는 피해다.

현재 신입직원 대비 30년 근속 직원의 보수는 세 배 정도인데, 한 사람 인건비로 젊은 사람 세 사람을 고용할 수 있다는 것이다. 그러니 대기업과 공공기관, 금융 부문 등 1차 노동시장에서 정년을 연장하겠다는 것은 개인들에겐 절실할 수 있으나, 청년 고용에 미치는 영향을 고려했을 때 나라 전체로는 대단히 염치없는 일이다.

　　이는 정년을 쉽사리 연장할 수 없는 사연과 유사한 뿌리를 가졌다. 우리나라 노동시장의 아주 고유한 특성이다. 간단히 말해서 지금 중년들은 오랫동안 본인들 생산성보다 너무 많은 보수를 받고 있었기 때문에 정년에 도달하면 회사로서는 떠나주기만 학수고대하게 되는 것이다.

　　그러니 정년연장을 논하기 위해 본질적으로 필요한 조치는 임금체계를 고쳐야 한다는 점이다. 정년이 연장되어도 청년고용을 위축시키지 않도록 각각의 생산성에 근접하는 보수로 책정되는 시스템이 필요하다. 하는 일이나 성과, 노력이 아닌 '회사에게 몇 년 일했는지'가 보수를 결정하는 구조는 젊은 세대에게 불리할 뿐만 아니라 시대와도 맞지 않다.

　　그렇다고 현재 임금체계가 중장년에게 무조건 유리한 것도 아니다. 노동시장에서 매력이 없어 기피 그룹이 되기 때문이다.

임금이 생산성보다 너무 크니 중년 근로자를 회사가 기피하고 조기퇴직을 종용하는 관행이 광범위하다. 게다가 현재 직장을 떠난 이후에는 원래보다 훨씬 낮은 처우를 받는 일자리로 떨어지게 된다.

노총의 주장은 임금체계 개편 없이 지금 이 상태로 법정 정년만 늘리는 법 개정을 하자는 것인데, 이것이 가져올 세대 간 일자리 갈등도 문제지만, 혜택을 볼 수 있는 이들이 주로 대기업과 공공 부문에 국한된다는 점도 중요하다. 현재 주된 직장에서 퇴직하는 평균 연령은 불과 50.5세에 불과하니, 대부분의 평범한 중년 근로자는 50세 전후로 노동시장에서 일단 퇴출된 후 더 열악한 다른 직장으로 다시 진입해 일하다가 72세 정도에야 완전히 은퇴한다. 법정 정년이 연장되거나 말거나 별 영향을 받지 않은 이들이 대다수며, 우리 국민은 이미 OECD 국가 중 가장 늦은 나이까지 근로하고 있다는 뜻이다.

피상적으로 생각하면 '평균 수명이 늘었으니 정년이 늘어야 겠구나' 싶겠지만, 현재 60세인 법적 정년을 보장받고 있는 게 상위 15% 정도의 근로자뿐인 데다가 이들은 연공급체계 속에서 임금이 너무 높아져 있어 정년연장의 혜택이 과도하다. 세대 내 격차와 세대 간 일자리 갈등이 결합된 문제인 것이다.

결국 다른 보완 조치 없이 법정 정년만 늘리자는 노총의 주장은 청년들이 열망하는 좋은 일자리를 줄여 이미 기득권을 많이 누리던 이들만 더 좋게 만들자는 것이다. 2016년 법정 정년을 60세로 연장했을 때의 영향을 분석한 연구들은 일관되게 '1차 노동시장 청년 고용이 상당폭 감소했다'라고 밝히고 있다.

그러니 임금체계는 건드리지 말고 정년연장만 하자는 것은 1차 노동시장을 더욱 높은 장벽으로 둘러싸서 진입을 막자는 말이나 마찬가지다. 이러면서 2중 구조 해소를 외치는 노총의 행태를 뭐라고 불러야 할까. 다음 세대와의 공정이나 격차 해소는 전혀 신경 쓰지 않는 위선적이고 이기적인 행태라고 비난받아도 할 말이 없을 것이다.

그러나 부정할 수 없는 점은 급속한 고령화 속에서 중장년 근로자들이 더 오래 일할 수 있게 하는 것이 너무나 중요하다는 점이다. 한국은행에 따르면, 2차 베이비부머(1964~1974년생) 954만 명(전체 인구 대비 비중 18.6%)이 2024년부터 11년에 걸쳐 법정 은퇴 연령(60세)에 진입한다.

이들의 계속고용을 확대하는 것이 전 사회적으로 절실한 과제라는 뜻이다. 단, 분명한 구분이 필요하다. 청년들에게 '피박을 씌우는' 정년연장이 아니라 '임금을 조정한 계속고용'으로 방향을 정하는 것이 필요하다.

　가장 근본적인 해결책은 임금체계 개편을 전면적으로 실시하는 것인데, 이는 이제까지도 개별사업장 노조 반대로 불가능했으니 단기간에 큰 진척을 보기는 어렵다. 차선책은 계속고용을 하되, 기존 정년에 도달하면 그동안 받던 보수에 새로 고침 키를 누르고 다시 계약하는 것이다.

　기존의 근로관계를 종료하되, 건강이 허락하는 한 되도록 오래 일할 수 있도록 원래 하던 업무와 유사한 업무를 새로운 임금 계약 하에서 계속할 수 있도록 길을 트는 것이다. 기업으로서도 업무 경험이 풍부한 검증된 근로자를 청년 임금과의 형평 속에서 활용할 수 있다는 이점이 있다.

　이를 확산시키기 위해 예를 들어, 보수를 기존의 50% 이하로 조정할 경우, 고용을 계속하는 기업에 대해서는 국가가 비용을 보조해 체감되는 임금 감소폭을 줄이는 방안도 적극 고려할 수 있다. 계속고용에 겁먹지 않게끔 기업 부담을 국가가 보조해야 할 정도로 고령자 고용 문제가 시급하고 중요하기 때문이다.

　단, 이는 전체 근로자 보수체계는 현행을 유지한 채, 정년에 도달한 이들의 채용조건을 다시 논의하는 것이니 부분적 해법에 불과하다. 임금체계 자체를 고치는 게 근본적 숙제라는 점이 중요하다.

물론 대기업 임금체계를 개편하는 건 노조의 반대 때문에 어려운 일이다. 그러나 그럴수록 공공 부문부터 정부가 앞장서 사회적 분위기를 조성하는 것이 필요하다. 민간기업 노조들이 정부를 조롱하는 말이 바로 '그렇게 좋은 거면 정부부터 하시죠' 이다. 맞는 말이다.

해고와 대체근로라는 금기를 깨려면

노동개혁을 주장하는 사람들이 스스로 말을 꺼내놓고 지레 화들짝 놀라는 단어가 두 개 있다. 그 첫 번째가 해고다. 해고 관련 규정을 고치자는 말을 하는 순간 상대가 "쉬운 해고하자는 거냐?"라고 하면 순식간에 기세가 죽어버린다. 과거를 돌이켜보건대 역풍이 거세기 때문이다. 한마디로 트라우마가 깊어 생긴 공포다.

노동개혁 반대 시위가 열리면 시위 차량에 가장 크게 써놓는 문구가 바로 '해고는 사회적 살인' '노동개혁은 쉬운 해고'이다. 그러면 정부는 노동개혁이 쉬운 해고가 아니라고 부랴부랴 변명을 시작한다.

그런데 톡 까놓고 얘기해보자. 1차 노동시장을 지금처럼 계속 철벽 보호하면서 2중 구조를 깰 수 있는 방법이 있으면 가져와 봤으면 한다. 노동시장의 2중 구조를 허물지 않고 우리 핵심 산업이 경쟁력을 회복하고 청년이 희망을 가질 수 있는 방안이 있으면 그것도 제발 내놔봤으면 좋겠다. 해고가 사회적 살인이며 천인공노할 짓인 것처럼 발끈하지만, 2차 노동시장에서는 비일비재한 일이다.

그렇다고 일거에 장벽을 깨부수겠다는 것도 아니고 그럴 수단이 있는 것도 아니다. 단지 지금으로서는 기존의 불명확한 원칙을 명확히 하고 소폭 완화하는 것만으로도 장벽에 구멍이 조금 날 수 있으니, 2차에서 1차로의 이동이 가능하도록 만들기 시작하는 것은 큰 충격을 수반하지 않으면서 가능하다는 것이다.

어느 나라나 근로자의 고용안정은 중요한 정책 목표다. 가정의 안정된 생활이 걸려 있는 문제이니 사용자가 마음대로 원칙 없이 해고를 휘둘러서는 안 된다. 문제는 1차 노동시장 바깥에서 오랫동안 기웃대는 대기자들에게 너무 불공정해서는 안 된다는 것이다.

적어도 동료들이 볼 때 어떻게 저렇게 일하지 싶은 사람은 자리를 비우게 할 수 있어야 하고, 그런 퇴출을 원칙 있게 하기 위한 제도적 장치들이 마련돼야 한다. 취업희망자들이 볼 때 어이없는 수준의 사람도 정리를 못 하는 게 국가가 막아주기 때문이라면 이들에게 면목이 없는 일이다.

해고는 경영상 해고(정리해고)와 일반해고로 나뉜다. 일단 경영상 해고 기준을 명확히 해 예측 가능성을 높이는 게 우선이다. 현재는 경영상 해고 요건을 '긴급한 경영상 필요로 기업의 유지·존속을 전제로 소속 근로자의 인원을 줄일 수 있도록' 근로기준법에 명시해놨는데, 거의 도산에 이르러야 가능한 요건이라 인식된다.

이는 '긴박한 경영상 필요', '해고 회피 노력', '50일 전 노동조합과의 성실한 협의 절차' 등 요건들이 중층적이고 까다롭게 설정돼 있어 그렇다. 게다가 '긴박한 경영상 필요'와 '해고 회피 노력'이 무엇인지는 구체적으로 명시되지 않고 노동위원회나 법원의 해석에 맡겨져 있어 예측 가능성도 극도로 낮다. 그러니 경영상 해고 시 수많은 법적 분쟁을 감수해야 한다고 인식한다.

그러나 우리와 경쟁 관계인 다른 선진국들의 경우 '사업상 필요성', '신기술 도입 필요' 등 경영합리화가 필요한 경우에도 폭넓게 경영상 해고를 허용하고 있다. 영국은 특정 직무의 사업상 필요성이 감소할 것으로 예상되는 것도 정리해고 사유로 인정한다. 프랑스의 경우 당장의 어려움이 아닌 예방 목적의 경영상 해고를 허용하며, 신기술 도입이 필요한 경우도 긴박한 경영상 필요로 인정한다. 미국은 경영상 해고와 관련한 제한이 없으며, 대량해고에 관련해서 근로자와 행정기관에 통지해야 한다는 규정이 존재할 뿐이다.

반면 우리나라 노동법에서는 '길게 봐서 사업성이 떨어질 것으로 예상되는 부문을 과감히 정리하고 새로운 영역으로 옮겨가는 것'이 대단히 어렵다. 현재 경영상 해고 요건인 '긴박한 경영상 필요'를 '경영합리화의 필요'로 완화하는 것이 필요하다.

일반해고도 마찬가지다. 현재 노동법은 해고의 정당성 판단 요건을 '정당한 이유가 있어야' 등 추상적으로만 규정하고 있어 다양한 마찰의 원인이 되고 있다. 일반해고의 실체적 요건을 구체화하여 예측 가능성을 높이고 마찰을 예방하는 것이 필요하다. 대표적으로 저성과자 기준에 대해 구성원들의 공감대가 모아질 경우 등이다.

금전보상신청권을 사용자에게 인정하는 것도 필요하다. 금전보상명령제도는 해고가 부당해고로 판명될 경우 '원직 복직'을 원칙으로 하되, 근로자가 이를 원하지 않을 때 신청할 수 있는 제도다. 즉, 현재는 근로자에게만 인정하고 있기 때문에 근로관계 종료를 어렵게 만든다.

그러나 프랑스나 독일 등 노사관계 전통이 오래된 선진국들은 금전보상제를 운영하면서 사용자에게도 신청권을 주고 있다. 그간의 경험을 통해, 상호 간 신뢰가 훼손됐는데 한쪽 만에 의해 근로관계를 억지로 유지하게 할 때 부작용이 크다는 걸 깨달은 것이다. 이는 우리나라에서도 그간 양자 간의 소모적인 분쟁을 초래해 왔다. 적절한 금전보상신청 권리를 쌍방에 모두 부여하는 것이 필요하다.

노동개혁하자면서 지레 화들짝 움츠리는 내용 중 두 번째가 바로 대체근로다. 대체근로를 허용하자는 주장은 파업 시 다른 사람을 채용해 조업을 계속할 수 있게 하자는 것이다.

대체근로라는 말이 이렇게 예민한 이유는 이 전면금지 조항 때문에 파업을 길게 지속할 수 있어 노조 교섭력이 절대적 우위에 설 수 있게 되기 때문이다. 사업주 입장에서는 조업 차질이 모두 파업비용이니 견디기 어렵다.

한번 생각을 해보라. 파업 시 하루하루가 사용자한테 막대한 손해를 입히는 데 반해 파업 지속 기간에 대한 어떤 제한도 존재하지 않는다면, 근로자가 원하는 것을 달성할 가능성이 높아진다. 대체근로는 바로 이 구조를 변화시키는 조치다.

예전에 전문가들이 모여 앉아 이 문제를 의논하면 제일 걱정했던 것은 적절한 수준의 절제를 사용자에게 기대할 수 있느냐였다. 다른 선진국은 그래도 타협을 위한 노력을 해보고 대체근로를 투입하는데 우리는 노사관계 자체가 적대적이고 미성숙해서 파업이 시작하자마자 당장 사업주들이 파업을 깨려 들지 않겠냐 하는 걱정들이었다.

그런데 이젠 전문가 중 이런 걱정을 하는 사람들이 현저히 줄어들었다. 우선은 노조로 하여금 원하는 목표를 달성할 때까지 파업을 지속할 수 있게 하는 게, 우리나라의 대립적 노사관계를 지금 상태로 지속시키는 원인이 된다는 자각들이다. 그러니 대기업 정규직의 철벽 방어를 지속시켜 2중 구조를 지키는 힘의 원천이기도 하다.

두 번째는 사용자 중에서도 적대적이고 성마르게 대응할 이들을 제어하는 장치를 대체근로에 같이 내장하는 방식을 사용할 수 있기 때문이다. 대체근로를 허용하냐 마냐, 찬성이냐 반대냐는 양분법식으로만 접근하며 싸워댔던 것에서 벗어나 사용자에게도 대체근로 부담을 나눠 지우는 방식을 사용하는 것이다.

사실 우리나라처럼 대체근로를 전면 금지하는 나라는 찾아보기 어렵다. 그렇다고 전면 허용하기만 하는 것도 아니다. 미국이나 일본처럼 전면 허용하는 나라도 있지만, 대부분의 선진국은 오랜 고민을 통해 대체근로 시 경영상 부담을 양자가 나누게끔 하는 방식을 사용한다.

예를 들어, 기간제나 파견인력은 대체근로에 허용하지 않으면서 신규채용이나 도급만 허용하는 식이다. 기간제나 파견은 경영자에게 별 부담이 없지만, 신규채용과 도급은 사용자에게 부담스럽기 때문에 두 번 세 번 생각하고 결정하라는 취지다. 결국 사용자도 너무 쉽게 파업의 힘을 빼려 하지 말고 최대한 타협점을 찾아보라는 철학이다.

우리 역시 대체근로를 전면 금지시켜가며 보호해야 할 정도로 노조의 힘이 절대적 열세가 아니다. 이제는 서로 대등한 입장에서 책임감 있게 협상을 시도하게끔 환경을 만들 필요가 절실하다. 신규채용 인력과 도급을 이용한 대체근로를 허용하는 것까지 더 미룰 이유가 없다.

비정규직 장그래 군의
성공을 기원하며

10년 전 드라마 《미생》을 기억하는 사람이 아직도 많을 것 같다. 웹툰을 원작으로 하는 드라마였는데, 마치 보슬비가 계속 내리는 듯한 슬픈 느낌의 화면에 깨끗한 이미지의 배우 임시완이 잘 어울렸다.

제일 기억나는 장면은 회사에서 주는 명절 선물이었는데, 비정규직이었던 장그래 군은 식용유를, 정규직들은 햄세트를 받는 장면이었다. 딱 봐도 식용유가 저렴해 보였기 때문에 감정이입이 되면서 나도 부아가 치밀었다. 무척 치사스럽게 보이는 차별이었다.

그런데 재미있는 점은 대기업에서 실제로 그런 차별을 했으면 당장 익명 고발이 들어갔을 것이라는 점이다. 고용노동부는 임금, 정기상여금, 경영성과급, 그밖에 근로조건 및 복리후생 등에 관한 사항에 있어 비정규직 근로자라는 이유만으로 차별해서는 안 되며, 차별대우를 당하면 노동관서에 신고하라 안내하고 있다.

그런데 기업문화도 천차만별이니 현장에서는 아직도 비정규직 차별이 포착될 것이고, 무엇보다 꼭 회사 내 차별이 아니더라도 근로자 차별과 격차에 대한 울분이 사회적으로 높다. 지난 추석만 해도 두루마리 휴지 몇 개나 비누 몇 개를 회사 추석 선물로 받았다는 사연들이 사진과 함께 인터넷에 올랐다.

여기서 장그래 군을 한번 살펴보자. 배우 임시완이 연기한 장그래 군은 '아직 제대로 탄생하지 않은 상태' 즉 미생未生으로 사회에 나왔다. 여러 가지로 미숙하다. 이런 젊은이를 버젓한 정규직 자리에 채용해 줄 회사가 없다면 비정규직이라도 채용되는 것이 좋을까, 그냥 집에 머무는 것이 좋을까. bad job이냐 no job이냐의 선택이다.

미생의 장그래 군은 이래저래 무시당하는 상황을 겪으면서도 우직하게 일을 배워나가며 역량을 쌓는다. 드라마의 마지막은 정규직으로 전환되는 것이리라 하는 예상을 뒤엎고, 평소 따르던 과장님을 따라 나가 독립하는 장면이었다. 아마 정부가 이 대기업으로 하여금 비정규직을 쓰지 말라고 금지했다면, 장그래 군은 현장 훈련 기회를 얻지 못했을 것이고, 훌륭한 과장님, 부장님을 만나 인적 네트워크를 쌓지도 창업 기회를 잡지도 못했을 것이다.

대기업의 장점은 시스템이 잘 확립돼 있다는 것이니 입사 후 그 점을 잘 배워 나와서 창업을 한다면 윈윈이 가능한 경로를 갈 수 있다. 어떤 의미에서는 전형적인 코스다. 단, 비정규직이라고 차별하고 모멸감을 준다면 이 모든 경로가 감정적인 상처로 흥이 져버릴 것이다.

비정규직은 사용을 제한하는 것이 아니라 오히려 사용 제한을 풀어야 한다. 대신 차별 시정과 처우 개선을 명확한 목표로 삼는 것이 필요하다. 문재인 정부에서처럼 비정규직 제로를 외치며 사용 규제를 강화할 경우 오히려 비정규직 근로자의 고용 불안과 구직자의 고용기회 축소만 초래할 수 있기 때문이다.

나는 국책연구기관에서 일하던 시절 성실하고 우수한 비정규직 청년들이 계약 기간이 끝나면 어쩔 수 없이 나가야 하는 경우를 종종 봤다. 공공기관은 인건비가 엄격히 규제되기 때문에 정규직 숫자가 이미 찬 상황에서는 아무리 일을 잘하고 열정이 있다 해도 비정규직 청년 고용이 종료되어야 했다. 그 불공정함에 기성세대로서의 무력함과 미안함을 깊이 느꼈다.

좋은 사회란 장그래 군처럼 성실한 젊은이가 비정규직으로 입사했더라도 억울한 일이 없도록 정규직과 차별 없이 가르치고 처우하는 사회, 고용이 종료됐을 때 정규직으로 전환될 희망을 가지고 비정규직을 징검다리로 생각할 수 있는 사회다.

비정규직이 사회적으로 저임금과 고용 불안의 상징처럼 느껴진다면 열등한 일자리일 수밖에 없다. 그렇기 때문에 '고용 기간이 정해져 있다는 점'만 빼고는 정규직보다 못한 점이 없어야 한다는 원칙을 준수하며 처우를 개선하고, 계약이 종료됐을 때 정규직으로 전환될 가능성이 닫혀 있지 않도록 관리하는 것이 중요하다. 이런 게 바로 1차 노동시장으로 진입하는 문을 열어 놓는 것이다.

특히 비정규직 일자리는 노동시장 진입이 어려운 장년층이나 여성 등 고용취약계층에게 일자리를 제공하는 기능을 한다. 현행법에서처럼 기간제 근로자의 사용 기간을 2년으로 제한하고 2년이 초과될 경우 무기계약으로 전환하도록 엄격히 제한하는 것은 오히려 의도와는 달리 취약근로자들을 차별하는 결과를 낳는다.

다른 나라의 경우를 봐도 비정규직에 대한 제한은 훨씬 약하다. 비정규직을 못 쓰게 할 게 아니라 비정규직에서 시작하더라도 올라갈 수 있는 경로를 마련하는 게 훨씬 중요하다는 정신이다. 흔쾌히 공감할 만큼 합리적인 취지다.

미국, 호주, 스위스 등은 비정규직 사용 기간 제한이 없고,

독일이나 일본처럼 사용 기간을 규제하는 국가도 우리보다는 훨씬 덜 경직적이다. 일본은 5년을 근무하면 무기계약 전환이 가능한데, 5년 근무 후라도 6개월의 공백이 있으면 새로운 5년 계약이 가능하다. 독일의 경우 2년 제한을 설정했지만 스타트업 기업은 4년, 52세 이상 근로자는 5년 연장이 가능하며, 정당한 사유가 있으면 기간 제한을 적용하지 않도록 하는 등 유연함을 내장했다.

노랑봉투법의
파괴력과 그림자

노동시장 2중 구조를 고치기 위한 해법으로 야당이 제안한 것은 '노랑봉투법'이다. 나는 이 노랑봉투법 발의 과정을 보면서 진정성 없이 2중 구조를 자기 편할 대로 앞세우기만 하는 우리 정치가 얼마나 무책임한지 다시 한번 느꼈다.

　이 법의 시작은 2014년 쌍용자동차 파업 근로자에게 성금을 보낸 노랑봉투 캠페인까지 거슬러 올라간다. 당시 야당의 문재인 의원은 '손배와 가압류는 노동3권을 무력화시키기에, 노랑봉투법을 꼭 관철시키겠다'는 손편지를 써서 이들에게 보냈다. 그러나 그가 대통령으로 당선된 후, 별 소식이 없었다.

궁금해서 당시 환경노동위원회 회의록을 뒤져봤다. 여당의 발의로 이 법이 상임위에서 다뤄졌을 때 고용노동부 공무원은 이 법이 왜 문제인지 설명했다. 그 후로 거대 여당과 정부가 노랑봉투법 통과를 위해 노력했다는 말이 들리지 않는 걸 보면, 최소한 여당으로서 큰 사고를 치면 안 된다는 자각이 있었던 것으로 보인다.

그런데 2022년 자신들이 다시 야당이 되면서 이 법을 다시 발의한 것이다. 물론 예전에 접었던 걸 다시 꺼내지 말라는 법은 없지만, 내용이 문제다. 노랑봉투법의 속을 들여다보면, 경제 전체 생태계를 위태롭게 하는 내용이다. 그러니 실제로 이런 법을 운용하는 나라도 없다.

게다가 이렇게 경제의 근간을 흔드는 법을 만들 때에는 오랜 세월 동안 노사관계와 제도가 발전해 온 선진국들에서도 선례가 없다는 점을 신중하게 감안해 검토하는 것이 순리일텐데, 너무들 대담하다. 정치 공학이 정책 합리성을 압도하는 나라다.

내용은 크게 두 가지 축인데, 첫 번째 축은 불법 파업에 대한 면책이다. 선진국들과 마찬가지로 우리 현행법 역시 법에 정한 절차를 따른 합법적 파업에 대해서는 민·형사상 책임을 면하고 있다. 수백억 원의 손실이 발생해도 사용자는 노조 및 근로자에게 배상을 청구하지 못 한다.

반면 불법 파업의 경우에는 노조가 민·형사상의 책임을 져야 한다. 주요 생산시설을 점거해 업무를 마비시키는 행위, 일하고자 하는 근로자를 막거나 협박하는 행위가 대표적이다. 이런 행위는 모든 나라에서 불법으로 엄히 다스려지고 손배소 책임을 지운다.

그렇게 하는 기본 철학은 명확하다. 파업을 하는 것은 각자의 자유이지만, 다른 근로자를 억압하거나 방해하는 파업은 용인하지 않는다. 굳이 그런 불법적 방식으로 파업을 하려거든 그에 따르는 책임도 져야 한다는 것이다. 자유에는 책임이 따른다는 원칙인 셈이다.

실질적인 효과 면에서도 이는 중요하다. 불법 파업에 대해서도 면책을 허용한다면 불법 파업을 마음껏 해도 좋고, 원하는 것을 얻기 위해 질질 끌며 파업을 장기화해도 괜찮다는 것과 다름이 없기 때문이다. 노랑봉투법에 '불법 파업 조장법'이라는 별명이 붙은 건 그래서다.

우리는 지금도 이미 파업을 하면 무척 오래 하는 나라다. 한국노동연구원에 따르면 2012~21년 우리나라의 파업으로 인한 연평균 노동 손실 일수는 근로자 천 명당 38.8일로 우리보다 훨씬 더 노조조직률과 영향력이 큰 독일(5.8일)의 6배 수준이다. 발생 건수는 독일의 10분의 1 수준인데도 그렇다.

두 번째 축은 대기업 하청 회사들이 원청 대기업과 직접 단체 협상할 수 있게 허용하는 내용이다. 근로계약은 하청 근로자와 하청기업 사장이 맺었는데, 계약 당사자가 아닌 원청 기업 사장과 단체협상을 허용하고 파업의 길을 열어주는 것이니 경제 생태계와 계약의 원칙을 송두리째 흔들어버리는 내용이다. 당장 원청 대기업이 수백 수천 개 하청기업 노조와의 교섭과 파업 압력을 받고, 공공기관의 경우에는 중앙부처들이 수백 개 공공기관 노조와 교섭해야 하는 상황을 불러들이는 것이다.

작년 여름 구미공단에 위치한 대기업 노조위원장과 유튜브 인터뷰를 했다. 노조위원장에 선출될 만큼 리더십과 매력을 갖춘 이였다. 다른 부분은 모두 상식적인 수준에서 수긍이 가기도 하고 공감도 가는 내용이었는데, 딱 한 가지가 귀에 걸렸다. 회사에서 같이 일하는 하청 회사 직원들과의 보수나 복지 격차를 줄이는 방식으로 교섭을 할 생각이 있냐는 질문에 부정적이었다는 점이다. 그는 조합원들이 찬성할 리가 없고 본인은 원청의 노조위원장이라는 입장이었다.

우리나라는 노조운동을 하는 이들조차 이렇게 '연대'와 '격차 해소'에 큰 관심이 없는 게 현실이다. 원·하청 격차에 대한 인식이 대기업 근로자와 하청 근로자 간에 판이한데다 계층적인 위계의식도 형성돼 있다. 그런데 노랑봉투법은 경제 질서를 해치면서까지 상대방 사용자한테만 따지자는 법이니 문제 해결도 안 되겠지만 일단 공허하다.

그러나 노랑봉투법 같은 방식은 아니더라도 원청과 하청기업, 원청 근로자와 하청 근로자의 공동체를 형성해 서로 상생 협력할 수 있는 길을 모색하는 것은 큰 의미가 있다. 원청이 하청 근로자 처우 개선에 재원을 쓸 경우 정부가 재정으로 지원하는 방안 등이다. 단, 이 방법으로 노동시장의 2중 구조를 근본적으로 해소하길 바라기는 어려운 것이 사실이다. 2중 구조의 본질은 근로자 간 격차와 이동장벽이라는 점에서 그 계층구조에 균열을 내는 해법이 모색되어야 한다.

가슴 아프나 답답했던
대우조선해양 파업

우리가 얼마나 과거의 성공에 취해서 그간 숙제를 게을리했는지를 잘 보여주는 사건이 2022년 여름 거제 옥포에서의 대우조선해양 하청 근로자들의 파업이다. 우리나라의 정책·정치 엘리트들이 할 일은 안 하고 선배들의 업적으로부터 '개평만 뜯어왔다'는 것을 여실히 보여주는데, 한편으론 2중 노동시장 문제를 다 모은 축소판 같다.

사건의 경과는 이렇다. 2022년 6월 2일부터 7월 22일까지 51일간 대우조선해양 하청 노동자 200여 명의 파업이 진행됐다. 이들은 임금 30% 인상과 노조 활동 보장을 요구하며 파업에 돌입했는데, 옥포조선소 1번 도크를 점거해 농성했기 때문에 배를 물에 띄우는 진수작업까지 중단됐다.

진수가 중단된 것은 회사가 만들어진 후 50년 만에 처음이었다. 과거 몇 년간 산업이 침체하는 바람에 깊이 가라앉고 있던 거제지역과 전체 조선산업이 겨우 살아날 기미가 보이던 중이었던 만큼 납기일을 맞추지 못함으로써 회복에 찬물을 끼얹게 될 수 있다는 걱정까지 자아냈다. 이러한 장기 직장점거는 하청 노동자들이 자신들의 요구를 관철하기 위한 강력한 압박 수단이 됐고, 결국 임금 인상과 상여금 지급 등의 부분적인 성과를 얻어 냈다.

파업 종료 후, 대우조선해양은 노조집행부를 상대로 470억 원 규모의 손해배상소송을 제기했다. 노조 간부들은 업무방해 혐의로 재판을 받고 있으며, 대우조선해양은 파업 다음 해 5월 한화그룹에 인수됐다.

여기까지가 사건의 경과인데, 이 중 우리 경제의 후진성이 노출된 몇 가지를 깊이 새기는 것이 필요하다. 이것들을 고치지 못하면 한국경제는 다음 단계로 넘어갈 수 없다. 사실 고도로 발전한 우리 경제가 아직 이런 문제를 안고 있다는 것은 뼈아픈 부분이다.

첫 번째는 불법 파업으로 작업 전체를 볼모 삼는 관행에서 아직 벗어나지 못했다는 것이다. 어느 나라나 노동법의 정신은 '쟁의 행위를 하더라도 일하고자 하는 근로자의 근로할 권리를 침해해서는 안 된다'이다. 근로자 권익을 수호하는 기관인 국제 노동기구ILO의 원칙이기도 하다. 파업근로자도 시장의 약자지만, 파업에 동참하지 않고 돈을 벌어야 하는 근로자 역시 같은 약자이니 그들의 사정도 존중받아야 한다는 것이다.

이렇게 우리 노조들이 불법 행위를 가볍게 여기는 관행은 대단히 유감스러운 일이다. 그런데 그 바탕에는 과거 권위주의 시대 불법을 정의롭게 여기던 태도에서 정치인들이 아직 벗어나지 못한 것도 중요한 이유이다. 앞에서 언급한 노랑봉투법이 그런 예이다. 이 법에 따르면, 대우조선해양과 같은 파업에서 수백억, 수천억 손실이 발생해도 없던 일로 치자는 것과 마찬가지이니, 불법에 대한 감수성이 아직 구시대에 머무른다는 것을 보여준다.

두 번째 고민해야 할 점은 이번에 많은 이들을 경악하게 만든 대우조선해양 하청 근로자의 열악한 근로조건이다. 이번 농성의 불법성과는 별개로, 보는 사람의 마음을 후벼판 것은 용접 근로자 유최안 씨가 조선소 독 화물창 바닥에 가로·세로·높이 각 1m인 철장을 만들어 자신을 가둔 사진이었다. 철장 앞에는 "이대로 살 순 없지 않습니까?"란 손팻말이 붙어 있었다.

도대체 무슨 사연인지 궁금했던 국민들은 용접 경력이 20년에 달하는 그의 급여가 불과 월 250만 원 정도라는 사실에 놀랄 수밖에 없었다. 최저임금을 겨우 웃도는 수준이었다. 최저임금제도는 저숙련 근로자를 위한 국가적 최저보장이니, 숙련 수준이 높아감에 따라 근로자들은 도미노식으로 급여가 높아져야 하고 20년 경력이라면 더 말할 것도 없는데 말이다. 대조적으로 대우조선해양 원청 정규직 용접근로자는 급여가 연 8천만 원 정도이다.

같은 기술을 보유하고 같은 일을 하는데, 왜 이런 차이가 날까? 원청과 하청 간의 보수 차이가 과도한 것은 우리 노동시장에서 가장 슬프고도 우스꽝스러운 점이다. 이들은 각자 다른 회사 직원이지만 함께 작업하는 경우가 흔한데, 예를 들어, 현대차 생산 라인에서 오른쪽 바퀴는 원청 정규직이 끼우고, 왼쪽 바퀴는 하청 근로자가 끼우는데 원청 연봉은 1억 원 정도고, 하청 근로자는 3천만 원대에 그치는 기이한 일이 벌어지는 것이다.

원청 근로자는 호봉제 임금체계라 하청 근로자와의 차이는 점점 더 벌어지고, 고용보호가 강력하니 원·하청 근로자의 처지가 바뀔 가능성도 거의 없다. 그러면 어떻게 해야 할까? 우선 생산직 임금체계를 직무급으로 바꿔, 오래 일했다는 이유만으로, 대기업이라는 이유만으로, 임금이 크게 차이나지 않도록 하는 게 시급하다. 같은 사업체 내에서 같은 일을 하면 원칙적으로 임금이 같고, 숙련도가 높으면 그것을 고려해 임금이 높아지는 것이다. 대우조선해양 역시 2016년 직무급제를 도입하려 시도했으나, 노조 반대로 무산된 바 있다.

이렇게 임금체계의 후진성을 시정하지 못하고 지금까지 끌고 온 것은 많은 이들이 반성해야 하는 점이다. 사실 대기업은 지불능력이 있으니 하청사나 비정규직과의 격차가 불합리하게 벌어지든 말든 자사 노조와의 마찰을 피하기 위해 결탁한 측면이 있다. 자사 근로자에게만 몰아주는 대신 임금체계를 개편해하청 근로자의 인건비를 단가계약에서 더 책정하는 것이 바람직했을 것이다.

물론 원청 기업 내 노조가 이를 강하게 반대할 것이기에 기업의 자발적인 변화만 기다리는 것은 무의미하다. 그리고 임금체계를 고치는 것은 기업 내 문제이기 때문에 개입할 근거가 빈약한 것도 사실이다. 그러나 원·하청 격차와 이중구조 완화라는 공익적 목표를 위해 제도적 촉진 장치를 신중하게나마 내장하는 것은 현재와 같은 갈등 상황에서 불가피한 조치다.

예를 들면, 단가계약에서 하청기업 근로자의 인건비를 자사 근로자 인건비의 80% 이상으로 책정하는 원청 기업들에 세제 등에서 혜택을 부여하고, 원청과 하청 근로자 간 임금비율을 공시하도록 해 사회적 압력이 작동하도록 하는 것이다.

세 번째 새겨야 하는 점은 경제의 신진대사라 할 수 있는 부실기업 구조조정 기능이 너무나 부실하다는 점이다. 금번에 대우조선해양 하청 근로자의 처우가 열악하다는 점이 알려진 후 원인을 파악해보니 경영 부실과 갑질 문제가 지적됐다. 선박을 저가에 수주하고 조금이라도 이익을 남기기 위해 아래도급업체에 비용 부담을 떠넘기는 '단가 후려치기'다. 이 후려치기가 2차, 3차 하청업체까지 쭉 전가되면 근로자들 보수는 최저임금 수준으로 쪼그라들게 된다.

그런데 대우조선해양은 조선업계에서도 악명이 높았다. 하도급 대금을 제조원가보다 낮게 정하는 등 '갑질' 혐의로 수백억 원씩의 과징금을 공정거래위원회로부터 부과받은 적이 여러 번 있을 정도다.

여기서 심각한 문제는 2022년 매각되기 전까지 대우조선해양은 21년간 국책기관인 산업은행의 관리하에 있었다는 점이다. 경영위기 때 대출금을 출자전환한 산업은행은 최대 주주로서 경영에 깊이 관여해 왔다. 산업은행은 원래 전통적으로 부실기업을 맡아 구조조정을 주도해 날렵하고 경쟁력 있는 기업으로 거듭나게 한 후 시장에 매각하는 책임이 부여되어 왔다. 그러니 도대체 21년간 뭘 했는데 이런 경영이 계속됐냐는 의문이 들 수밖에 없다.

대우조선해양은 2023년 한화그룹으로 마침내 넘어갔는데, 이때 한화그룹은 2조 원 규모의 유상증자를 통해 대우조선해양 지분 49.3%와 경영권을 확보했다. 산업은행 지분율은 55.68%에서 28.2%로 감소했다.

그렇다면 인수 시점 기준으로 우리 국민의 몫은 28.2%의 가치이니 2조 원에도 훨씬 못 미친다는 뜻인데, 지난 21년간 우리 국민의 세금이 13조 원이나 이 회사에 투입된 바 있다. 기막힐 노릇인데, 왜 이런 결과가 초래됐는지 철저한 성찰이 필요하다.

기업을 날렵하게 만들기 위해서는 방만 경영에 수술 메스를 들이대야 하는데, 노조와 마찰해가며 열심히 일할 유인이 산업은행 직원들에게 별로 없고 조기에 매각할 유인도 없으니 그저 오래 쥐고 있으면서 나랏돈이 계속 투입돼 온 것이다.

이는 하청 근로자로서도 비극이지만, 경제 전체를 봐도 심각한 문제다. 부실기업이 퇴출되거나 다시 회복되어 시장으로 돌아가는 것은 경제의 기본 신진대사 기능이다. 사람이 노폐물을 몸 밖으로 내보내고 부실한 장기를 되살리는 것이 중요한 것과 똑같다.

조선과 같은 기간 산업에서 부실기업 경영정상화를 국책기관이 주도하는 것은 불가피하다 인정하더라도 근본 틀은 바꿔야 한다. 당장 산업은행 직원들부터 이런 까다로운 과제를 성공적으로 해냈을 때의 성과급을 높이는 등 제대로 일할 유인체계를 만들어야 하고, 정권 창출의 일등공신을 산업은행 회장으로 임명해 온 역대 정권의 관행도 뜯어고쳐야 한다.

경제 활력을 위해서나 막대한 혈세를 낭비할 위험이 큰 중요한 업무에는 그것에 가장 걸맞은 사람을 보내는 것이 상식이다. 자본조달과 인수·합병 등 기업금융 부문의 최고 전문가에게 책임을 맡겨야 하지 않겠나. 중요한 자리에 최고의 인재를 고민하는 게 아니라 정치적 고려나 논공행상을 우선하는 것은 그렇게 해도 한국경제가 잘 굴러갈 것이라는 무사태평한 인식인데, 이제는 정말 그것이 통하지 않는 시대가 왔다. 시장의 엄혹함을 가볍게 여기는 안이한 관행부터 뜯어고쳐야 한국경제가 살아날 수 있다.

반성해야 할 개인이 한두 명이 아닌 것도 맞지만, 여기서 살펴봤듯이 그동안 고치지 않고 방치한 우리 경제시스템 자체가 더 이상 맞지 않는 옷이 되어 버렸다는 게 핵심이다. 선배들의 업적을 깔고 앉아 국민 세금으로 '광만 파는 것'은 그만하고 전면적으로 경제시스템을 뜯어고쳐야 할 때다.

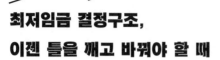

최저임금 결정구조,
이젠 틀을 깨고 바꿔야 할 때

노동시장 2중 구조 문제를 나라가 앞장서 가중시키는 게 바로 최저임금 결정이다. 1차 노동시장의 핵심 당사자들이 최저임금을 마구 결정해 취약근로자와 영세자영업자, 즉 '을 대 을' 간의 전쟁을 붙여버리는 기막힌 구조다.

박근혜 정부 후반 나는 최저임금위원회 공익위원으로 위촉됐다. 노동 분야 전문가들에게는 상당한 사명감을 가지게 되는 자리였다. 2016년 여름 108일에 걸쳐 14번 심의위원회가 열렸는데, 종종 밤샘 회의까지 할 정도로 오랜 시간 마주 앉아 있었지만, 상대방 의견을 경청하고 서로의 입장에 접근하는 일은 한 번도 발생하지 않았다.

그럼 도대체 밤샘은 왜 하냐는 질문이 생기는데, 자신이 속한 단체와 언론에 치열한 논쟁을 하고 있다는 티를 내야 하기 때문으로 보였다. 소위 '과정 관리'라 불리는 행태인데, 쉬운 말로 표현하면 '하는 척'이다. 새벽 휴식시간에 곁방에 들어가 벽에 기대 졸면서 나라 걱정을 할 수밖에 없었다.

한번은 끝도 없이 상대방을 인신공격하는 시간이 늘어지길 래 발언 기회를 얻어 "제발 주제에 대한 논의를 합시다. 저는 이렇게 비생산적인 회의체는 처음입니다"라고 말했다. 그 순간 공격의 타깃이 내 쪽으로 향하더니 '이 회의를 능멸한 것에 공개사과하라'는 질타가 또 끝없이 이어졌다.

한참을 견디다가 내 딴에는 차분하게 응수했다. 한 사람 한 사람 눈을 맞춰 가면서 말이다. "여러분 능멸이 뭔지 아십니까? 매번 세종역에 내려 '오늘도 아무 진전 없이 이 기차를 다시 타고 돌아가겠구나'라고 생각하며 이곳에 와서 회의비를 챙기는 게 국민을 능멸하는 겁니다." 그 말에는 아무도 사족을 붙이지 않았다.

3년 임기였지만, 그 여름이 지난 후 나는 고용노동부에 사의를 밝혔다. 내가 그 자리를 지키고 앉아 상황을 개선시킬 길이 보이지 않았기 때문이다. 나라 경제에 이렇게 중요한 일을 이토록 불합리한 방식으로 정한다는 것에 체념보다 항의를 해야 한다는 생각도 들었다. 사의를 표명한 이유를 묻는 기자에게 "최저임금은 정책인데 최저임금위원회에는 정치만 있다"라고 답했다.

사퇴 후 나는 본격적으로 최저임금 결정구조에 관한 연구를 시작했다. 왜 이런 구조가 정착됐으며, 다른 나라는 어떻게 하고 있는지 파고 들어갔다. 내 경험만으로 비판하면 힘을 가질 수 없다고 생각했다. 무엇이 문제인지 보고서도 내고 책도 냈다.

그러는 동안 문재인 정부는 우리 경제사의 가장 급격한 최저임금 인상을 단행했다. 당장 중소기업들은 지불능력이 없다며 곡소리를 냈고, 자영업자들이 길거리로 뛰쳐나와 못 살겠다고 시위를 했다. 홀서빙하는 아주머니들이 일자리를 잃었다. 길을 걷다 보면 불과 2~3년 만에 식당마다 키오스크가 불티나게 확산된 것에 놀랄 수밖에 없었다.

더 심각한 문제는 최저임금을 받지 못한 근로자가 2023년 300만 명을 넘었을 정도로 급증했다는 점이다. 최저임금이 너무 빨리 오르면 사용자가 아예 '배 째라'는 식으로 포기하기 때문에 제도에서 배제되는 근로자도 빨리 늘어난다. 제도의 목적은 저임금 근로자를 보호하는 것인데, 오히려 이들에게 직격탄이 된 셈이다.

그러니 이젠 피해를 받는 사람들에 관심도 없는 대기업 노조와 사용자가 왜 최저임금을 결정해야 하는지 뒤돌아볼 때다. 이런 구조가 경제 내 격차를 확대하고 자영업자 상황도 악화시킨다. 우리처럼 노사 꼭대기들이 임금 협상하듯 최저임금을 정하는 국가는 거의 없다.

그럼 우리나라는 도대체 왜 지금 같은 제도를 만들었을까? 권불십년의 이치를 군사정권이 몰랐기 때문이다. 1986년 12월 31일 최저임금법이 제정되었는데, 당시 집권당이었던 민정당은 자신들의 권세가 오래 갈 것이라 생각해 큰 고민을 하지 않고 노사와 공익위원이 함께 참여한다는 번듯한 모양새를 만들었다. 아마도 군사독재 집권 여당으로서 어떻게 구조를 설계하든 정부 뜻을 관철시킬 수 있다고 기대했으리라.

그러나 이후 정치 상황이 크게 변했다. 어떤 국가보다도 폼 나게 비현실적인 노사 참여 위원회 구조로 만들어 놨지만, 결과적으로는 정부가 책임을 지는 것도 아니고 취약근로자들의 사정이 제대로 고려되는 것도 아닌 기이한 결정구조가 고착화된 것이다.

이런 구조를 놔둔 채 나라 경제가 버틸 재간이 없다. 이를 어떻게 바꿀지는 노동시장의 2중 구조적 특성에서 시작해야 한다. 첨단산업, 대기업과 영세업체의 임금 격차가 크고, 최저임금 보호로부터 배제된 근로자가 많다는 점, 지역 간의 생계비용과 경제력 격차 역시 크다는 점, 정치와 정책이 뒤섞여 정치적 쇼맨십의 부작용이 크다는 점 등이다.

이런 점들을 고려하면 취약근로자의 상황을 개선시키기 위한 최적의 방안을 찾는 것을 목표로, 정치를 배제하고 전문가들로 구성된 중앙최저임금 심의위원회에서 큰 틀을 정하되, 최종 결정은 지자체가 하게끔 하는 방식을 생각해 볼 수 있다. 룰 베이스 결정과 지역 사정에 맞는 결정, 두 가지 키워드이다.

중앙최저임금 심의위에서 거시 변수를 이용한 결정 룰을 먼저 확정하고, 매년마다 경제 상황을 함께 고려해 기준액과 가이드라인을 정해 지자체의 최저임금 심의위원회로 전달하는 방식이다. 지자체의 심의위원회는 각 지역 사정을 감안해 가이드라인을 준수하는 한도 내에서 최저임금을 정하되, 업종별 차등이 필요하다면 그렇게 정하면 될 것이다.

지자체가 결정하게 되면 지역 간 임금 차이가 커질 것을 걱정하는 이들도 있는데, 이 방식을 쓰는 일본의 경우 중앙위원회의 지적 리더십이 문제를 방지한다. 경제 정보와 분석 결과를 기준액과 함께 전달해 지역 간에 최저임금이 크게 차이나지 않는다. 중앙의 위원회가 얼마나 신뢰 가는 정보와 전망, 설득력 있는 기준치를 제공하는지가 관건일 것이다.

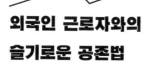

외국인 근로자와의
슬기로운 공존법

최저임금 왜곡이 누적되면서 파생된 문제가 필리핀 가사관리사 문제다. 외국 인력 도입에 대한 반감이 아니다. 앞으로 돌봄이나 요양, 간병을 포함해 노동력 부족이 심화될 다양한 분야에 외국 인력이 많이 들어오는 것은 불가피하다. 거부감을 가질 것이 아니라 그 경로를 지혜롭게 설계할 문제다.

그런데 작년 국민의힘 소속 정치인 몇 명이 동남아 돌봄 인력을 싸게 활용해 저출산 문제에 기여할 수 있다는 주장을 펴기 시작했다. 그런데 여기서 '국내인보다 싸게'라는 점은 외국인을 임금 차별하자는 말로 들릴 수 있는 내용이다.

얘기의 가르마를 타보자면 이렇다. 우선 현재처럼 가사관리 업체에 고용된 근로자로 입국시켜 최저임금을 보장한다면 별문제 될 게 없고, 현재 진행 중인 시범사업 결과를 관찰해 확대 여부와 폭을 정하면 된다.

만약 근로자 신분인데 최저임금에서 배제해 100만 원 정도로 고용하겠다면 국적에 따른 임금 차별로 ILO 협약 위반이다.

그래서 이 방식은 고려할 여지조차 없다. 반면, 근로자가 아닌 개인 계약자로 들여와 100만 원 정도로 계약을 체결해 최저임금을 우회하는 방식을 고려하는 이들이 있다. 일부 보수 정치인들이 주장하는 방식이며, 서울시가 법무부에 이를 위한 비자 발급을 제안하기도 했다.

그런데 이와 관련해서는 우리 사회가 깊이 생각해 봐야 할 점들이 있다. 부모들의 고단함을 덜겠다는 적극적 마음자세에 박수를 치고 싶지만, 관련된 문제들을 두루 살피는 것도 중요하기 때문이다. 우선은 이 방식이 불법체류자를 양산할 우려가 크다는 게 문제다. 식당에서 서빙하는 최저임금 일자리로 200만 원 이상을 벌 수 있는 상황에서, 월 백만 원 돌봄 일자리에 취업하겠다는 사람은 '일단 입국부터 하고 추후 불법체류자가 되겠다'라는 의도일 확률이 높기 때문이다. 외국인 근로자 관리가 극히 어렵다는 뜻이다.

싱가포르나 홍콩은 되는데 왜 우리는 하면 안 되냐는 질문을 흔히 받는데, 두 나라 모두 관리상의 인권 침해 문제로 국제적인 지탄을 많이 받고 있을 뿐 아니라 나라가 작아 불법체류 관리가 우리보다 훨씬 용이하다.

우리처럼 대외 의존도가 높고 국제적 평판을 유지하려 애쓰는 경우에 준수해야 할 글로벌 규범은 이것이다. '인력이 부족해 내국인과 같은 임금을 지급하며 수입하는 것은 괜찮지만, 내국인보다 싸게 쓰려는 목적이라면 욕을 바가지로 먹는 행태'라는 점이다. 외국인 차별로 인해 훼손된 평판은 우리에게 부메랑으로 돌아오게 마련이다.

실용적인 측면뿐 아니라 보다 근본적인 이슈도 생각해볼 필요가 있다. 우리 안에 '우리보다 국민소득이 낮은 나라 사람은 우리 국민과 똑같이 취급하지 않아도 된다'는 마음이 존재하는 게 아닌가 하는 점이다.

만약 우리나라 사람이 우리보다 훨씬 잘사는 나라에 가서 취업했는데, 그쪽 나라 국민이 '우리보다 못사는 나라에서 왔으니 우리 국민이 10만 원 받을 때 당신은 5만 원만 받으시오' 한다면 분명 대단히 화가 날 것이다. 선진국이 된다는 건 '내로남불'을 극복하고 역지사지를 체화하는 것이 아닐까 싶다.

그렇다고 염치를 차리느라 아이 키우는 부모들의 부담을 모른 척하자는 게 아니다. 정공법으로 가자. 이웃나라 사람을 싸게 들여올 궁리보다, 누구를 쓰든 돌봄 인력 쓰는 비용을 나라가 대폭 보조해 가계 부담을 줄이는 것이 우선이다. 어차피 지금은 태어나는 아이들이 너무 적어 걱정인 시대다. 자녀 키우는 부모들이 직장에서 종종걸음 하지 않도록 보장하는 것을 국가운영의 큰 원칙으로 삼아야 한다.

게다가 일과 가정을 양립할 수 있는 여유 역시 1차 노동시장과 2차 노동시장, 즉 대기업과 중소기업이 큰 차이를 보인다. 2차 노동시장은 회사 사정부터 어려우니 육아휴직을 하려고 해도, 사정이 생겨 일찍 퇴근해야 할 때도 주변 눈치를 봐야 할 일이 대기업과 비교가 안 될 정도로 많다.

노동시장의 2중 구조를 뛰어넘어 육아 지원을 대폭 확대하자. 어떤 직장에 근무하더라도 돌봄 인력을 구하느라 발을 동동 구르지 않아도 되도록 하는 것을 목표로 천명하고 정책 우선순위를 두는 것이다. 이는 노동시장 2중 구조 문제를 돌봄 영역에서부터 해소하는 노동개혁 조치이기도 하다.

화이트칼라 이그젬션, 위쪽은 풀고 아래쪽은 떠받치고

2024년 말, 반도체 특별법 국회 심의에서 최대 쟁점은 고소득 전문직 근로자를 주 52시간 근로 규제의 예외로 하는 소위 '화이트칼라 이그젬션' 조항이었다. 전략산업 지원의 맥락에서 뉴스가 됐지만, 사실 이는 노동시장 2중 구조 문제에 국가가 어떤 역할을 해야 하는지에 대해 근본 질문을 던진다.

경제 내에서 잘나가는 부문과 낙후된 부문 간의 격차가 커진다고 해보자. 이 격차를 줄이기 위해 잘나가는 부문을 정부가 억눌러야 한다고 누군가 주장한다면, 그에 동의하는 이들이 많지 않을 것이다. 적어도 비합리적인 특혜에 힘입어 잘나가고 있는 게 아니라면 '하던 대로 열심히 더 잘해보시오' 하면서 아래쪽을 떠받쳐 격차를 줄이는 게 바람직하기 때문이다. 잘나가는 위쪽은 정부가 나서서 보태고 빼고 할 필요가 없는 반면 처지는 아래쪽을 힘껏 받치는 게 중요하다.

노동시장 2중 구조 문제와 근로시간 규제에 대해서도 크게 다르지 않다. 고소득 전문직들은 어차피 몇 시간 일했는지보다 일의 결과물이 무엇인지로 평가받는다. 그렇기 때문에 이들은 통상 근무시간 동안 상당한 재량권을 인정받는다. 게다가 이들은 자신들이 가진 역량이 시장에서 높은 가치를 인정받기 때문에 고소득 전문직의 위상에 오른 것이다. 사용자와 소통함에 있어 무시할 수 없는 교섭력을 가졌다는 뜻이다.

그런데 이들의 근무시간에 대해 정부가 개입해야 할까? 물론 고소득 전문직이라 하더라도 기꺼이 장시간 근로에 몰입해 일하려는 이들만 있는 것은 아닐 것이다. 정부가 개입해 강제로 퇴근시켜 주는 것을 내심 바라는 이들도 적지 않을 것이다. 그러나 아래를 떠받치는 데 집중해야 한다는 점에 공감한다면, 자기주도적으로 근무하면서 교섭역량도 가진 고소득 전문직의 근로시간을 굳이 규제 대상으로 삼을 이유를 찾기 어렵다.

우리 노동시장의 2중 구조가 심화돼 온 사연을 살피다 보면, 1987년 노동자 대투쟁 이후 처우가 좋은 대기업 노동조합이 전체 노동운동을 주도하게 된 것을 빼놓을 수 없다. 처지가 어려운 근로자를 보호하는 데 법 규정과 재원을 집중하기보다 잘나가는 윗부분의 처우를 더 좋게 만들기 위해 활용해 온 측면이 강하다. 결과적으로 상층과 하층의 격차는 줄어들지 않는다.

근로시간 규제는 목소리를 내기 어려운 근로자의 장시간 근로를 방지해 보호하는 데 목적이 있다. 노사가 합의해 전문직이 더 일한다는데 이를 국가가 금지하는 것은 근로자 보호 측면에서도 실익이 적고 산업경쟁력 측면에서 부작용이 크다는 현장의 목소리가 근래 커졌다.

미국은 1938년 근로기준법을 처음 만들 때부터 관리직과 전문직 등 특정 직군을 근로시간 규제에서 제외하는 화이트칼라 이그젬션을 도입했고, 일본은 2019년 고도 프로페셔널 제도란 이름으로 고소득 전문직을 예외로 명시했다. 영국은 1998년 옵트아웃 제도를 도입해 근로자가 근로시간 제한에서 벗어날 것을 선택할 수 있도록 했다. 지금처럼 첨단산업의 기술개발과 혁신역량 제고가 절실할 때는 이런 나라들의 유연함이 참 부럽다. 직접 경쟁 관계인 대만 TSMC는 24시간 불이 꺼지지 않는데 우리 반도체 기업은 규제에 꽁꽁 묶여 있다는 기업들의 민원이 애절할 정도다.

규제는 목적이 뚜렷해야 하고, 누군가를 보호하기 위한 규제라면 더욱 그 대상과 필요성이 명확해야 한다. 무조건 경제 전체와 모든 근로자를 대상으로 포함시켜야 한다는 것은 공권력을 쥔 사람들의 오만일 뿐 아니라 국가경제가 어디로 향하는지 아랑곳하지 않는 안이함에 가깝다.

52시간 근로제는 2018년 실시된 이후 그 경직성과 획일성 때문에 중소기업과 소속 근로자 중심으로 많은 문제가 지적돼 왔다. 제도의 취지를 살리면서 유연함을 더해야 할 숙제를 안고 있는데, 산업 부문과 근로자 유형에 따라 여러 갈래의 개선이 시도되어야 한다.

특히 전문직의 규제 제외 문제는 이번에 반도체 산업의 경쟁력 위기 속에서 제기됐지만, 근로자 보호를 위한 정부 개입 원칙이 무엇인지에 대해서도 깊이 곱씹어야 할 이슈다. 위쪽 규제는 풀고, 아래쪽은 튼튼히 떠받치고!

4

모두가 칭찬하는
의료시스템의 개혁이
지금 왜 필요한가

COLD
CASE

20년 전부터 곪아 온
상처가 터진 결과

지난 20여 년 동안 나라가 얼마나 발전했나 가늠해보면 참 아쉽다는 감정이 든다. 경제 발전이 시작된 이후 60여 년 동안, 전반부 20년 동안엔 배곯지 않는 나라로, 중반부 20년 동안에는 산업고도화로 고부가가치 경제에 진입한 것에 비해 근래 20여 년은 국가공동체 차원에서 그다지 이룬 바가 없다. 그 전 시기 성취에 비하면 확실히 초라하다.

앞단의 세월이 원체 극적이었던지라 더 이룰 게 별로 없어서 그런 게 아니냐고 한다면 그건 정말 물정 모르는 얘기다. 눈이 핑핑 돌 정도로 고속성장을 하는 바람에 허우대는 훌륭하지만, 안쪽 곳곳은 너무나 부실하고 취약하기 때문이다. 그런데도 그

런 문제들과 치열하게 씨름하고 해결하기보다 방치하고 악화시
켰다.

결국 지금 우리 시스템은 단시간에 골격이 성장해 건장해보
이지만, 너무 빨리 성장하느라 생긴 속병들을 제대로 치료하고
체질을 개선하지 못해 당뇨에 고혈압까지, 뼈에도 구멍이 송송
나기 직전인 부실한 장년 같다.

대표적인 영역이 의료시스템이다. 내가 어렸을 때는 겨울날
연탄가스에 중독됐는데 돈이 없어 병원을 전전하다 사망한 서
민들의 사연이 종종 기사로 보도됐다. 그런 배경에서 의료보험
이 도입돼 12년 만에 전 국민을 포괄할 만큼 빠르게 발전했다.

국민들도 대체적으로 의료서비스에 대한 만족도가 높다. 그
러나 짧은 시간 동안 이렇게 빠르게 발전하는 과정에서 어찌 무
리가 없었을까. 그 시절 공무원들은 후진국에서 태어나 배우고
성장한 이들이다. 지금에 비하면 인적 자원의 수준도 낮았고 근
무환경도 열악했으며, 의지와 열정만으로 모든 것을 무에서 창
조했으니 한계가 많은 건 당연한 일이다.

그러니 그들이 놓친 점들을 보완하고 제도를 갈고닦는 것은
우리 세대가 해야 했던 일이다. 어느 정도 불가피하긴 했지만, 그
들이 결과적으로 놓친 것 중 가장 심각한 문제는 '싼값에 해결

하기 위해 편법을 제도화하면서 이해관계자들을 강압적으로 찍어눌렀고, 그러다 보니 건강한 협력 관계를 가꾸지 못한 것'이다.

사실 요즘 얘기되는 의료개혁은 이러한 문제들이 곪아 터진 결과이다. 상처가 점점 곪아가던 20년 전에 전격적으로 해결했어야 하는 과제다. 앞세대가 이룬 것들을 발판으로 제도를 고쳐서 내실을 다지고 더 앞으로 나아가는 것이 뒷세대가 해야 할 숙제라면, 의료시스템에 관한 한 우리 세대 성적은 낙제점이다.

찍어 눌러서는 안 되는 의정 관계

나는 박사학위를 마치고 전문가로서의 커리어를 의료정책 분야로 시작했다. 당시 미국에서 경제학 박사 학위를 따는 이들에게 의료는 빠르게 성장하는 부문으로 인기가 아주 높았다. 그런데 귀국한 후, 젊은 의료정책 연구자로서 깊숙한 현안 이슈들을 파악하려 들었을 때 제일 어려웠던 점은 우리나라 의료시스템이 매우 특수한지라 미국이나 유럽에서 발전한 일반적 이론을 그대로 적용할 수 없고, 앞뒤 사연을 상세히 알지 않고는 정책 대안을 만들어 내는 것이 불가능하다는 것이었다.

고심 끝에 나는 의료정책을 오래 연구해 온 의사들의 공부 모임에 끼어들었다. 지금도 생생히 기억하는 건 퇴근 후에 만나 세미나를 하고 늦은 저녁을 먹으며 후속적인 질의응답을 진행하는 방식이었는데, 저녁 내내 내가 '왜요? 왜 그렇게 생각하세요? 왜 그런 결론으로 연결되지요?'라는 질문을 수십 번 던진 것이었다.

의사들이 생각하는 방식을 따라가지 못했고, 의사들은 자신들에겐 당연한 문제에 의문을 제기하는 것이 낯설었기 때문에 질문을 해도 시원하게 해소가 되지 않았다. 그날 만났던 분들과는 지금까지도 가깝게 지내며 정책 현안에 대해 의견을 교환하는데, 그 시절 '왜요' 회합에 대해 떠올리며 아직도 가끔 같이 웃곤 한다. 그때 우리는 모두 다른 영역 전문가와의 장벽을 인지했고, 그것은 나름 유용한 경험이었던 것 같다.

나는 많은 분야 전문가와 협업을 해 봤지만 의료정책은 정말 서로를 존중하는 마음으로 깊이 인내하는 자세가 필요하다. 자연과학과 사회과학이 결합하는 지점인 데다 그간의 누적된 역사도 워낙 복잡해 전문성이 상당하지 않으면 엉뚱한 길로 빠지기 쉽다. 정부 역시 의료전문성을 갖춘 전문가 단체의 힘을 빌려야 제대로 된 정책을 만들 수 있다.

환자를 보는 의료인들 역시 마찬가지다. 의학은 전문가가 되기 위해 공부해야 하는 기간도 길고 강도도 높다. 이는 외부의 눈으로 쉽게 의료문제를 재단할 수 없다는 것을 의미하는 한편, 의료인 스스로 사회 속에서 객관화시켜 문제를 바라보게 하는 훈련이 상대적으로 약하다는 것을 의미한다. 그래서 의료정책은 분야 간, 의정 간 긴밀한 협력이 필수다.

이것은 선진국에서 더욱 도드라진다. 의사는 자신들 직종의 이익을 수호하는 이해집단으로서 개혁의 대상이기도 하지만, 깊은 전문성을 보유한 정책 파트너로서 개혁의 주체이기도 하다. 그간의 정부들은 이 점을 인정하는 데 인색했다는 것이 내 평가이다.

전문가 집단과 소통하면서 정부의 의도를 상대에게 이해시키며 정부 계획 초안을 수정해 나가는 조심스러운 방식을 택하기보다 정권이 바뀔 때마다 윗선에서 시키는 것을 신속하게 시행하려 전력을 다했다. 정권 실세를 설득하기보다 의료시스템에 칼을 휘두르는 것이 쉬웠던 모양이다.

정치에 입문하기 한 해 전인 2019년 나는 의료 관련 학회에서 발표를 한 적이 있었는데, 그 발표 취지는 다음과 같다.

"우리 의료는 여러 가지 심각한 문제를 안고 있습니다. 기술적 전문성과 자본량에 따라 의료기관의 역할이 달라야 하고 그에 맞춰 이용도 합리화돼야 하는데 그러지 못하고 있습니다.

이는 그동안 건강보험 재정을 통한 '돈주머니 조이기 규제'에만 의존했을 뿐 의료정책을 제대로 발전시키지 못했기 때문입니다. 더구나 규제를 시행할 때는 의료체계가 마치 부품으로 구성된 기계인 것처럼 취급하면서 설득과 이해보다는 '일단 실시하고 나중에 보완하겠다'라는 고압적인 태도로 전문가 집단과의 소통 채널을 가꾸지 않았습니다.

의료 전문가 집단 역시 정책 파트너로서 의료시스템 개선을 위한 정부와의 협력에 소극적이었던 점에 아쉬움을 느낍니다. 이제는 환자와 국민이라는 화두를 제일 앞에 두고 정부와 전문가 집단이 서로 신뢰하는 파트너로서 의료개혁을 위한 지혜를 모아야 할 때입니다."

당시 나는 학자 입장에서 역대 정부가 개혁이라는 이름으로 전문가 집단을 적대시하고 독단적 행태를 보이는 것에 대해 깊이 우려했다. 그런데 그때에 비해 지금은 의료현장 상황과 정책 파트너 간 관계 모두 오히려 더 악화된 것 같다.

의료의 수도권 집중과 필수의료 약화, 의료재정의 지속가능성 문제가 해결되기는커녕 훨씬 더 심해졌다. 응급실 뺑뺑이, 소아과 오픈런, 의료난민 등의 신조어들은 이젠 누구나 아는 용어가 됐을 정도다. 무엇보다 정부와 전문가 집단 간의 관계가 2000년대 초반 의약분업 시기 이후 가장 악화됐다. 우리 의료시스템을 개혁할 필요성에 대한 국민적 지지를 약화시키고 오히려 뒷걸음치게 만들고 있는 것이다.

그러지 않기 위해서는 우리 의료에서 그간 누적돼 온 문제가 무엇이고, 아직 해결하지 못한 이유가 무엇인지를 짚은 후 미래 방향성을 세우는 게 먼저다. 가장 근저에 자리한 문제는 과거 정립된 상명하복식 자세를 가진 정부와 그 점에 분노한 의료계가 협력 관계를 만들어 내지 못한 것이다. 함께 기획하고 노력하는 파트너십 형성이 무엇보다 시급하다.

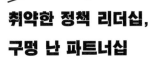

취약한 정책 리더십,
구멍 난 파트너십

우리나라 의료시스템이 어떤 특성을 가지는지 알면, 지금까지 있었던 의료 관련 큰 사건과 현재 일어나고 있는 일들을 이해하기 쉽다.

서양식 의사가 공인된 것은 일제강점기에 양의학을 이수한 사람에게만 의사면허를 발급하면서이다. 의료 부문을 장악하고 있던 한의사들을 정부 조직에서 축출하고 양의로 대체함으로써 의료 부문에서 양의사의 독점력을 보장한 것이다. 양의사는 높은 사회적·경제적 지위를 부여받았는데, 의사 전문직이 이렇게 공권력에 의해 단박에 형성된 것은 서구 기준으로는 상당히 독특하나 식민지를 겪은 개발도상국에서는 흔한 일이다.

그런데 이는 의사 전문직의 태도가 서구의 그것과 차이를 갖게 된 원인이다. 예를 들어, 서구에서 자신들의 단기적 이익을 보호하면서도 장기적으로 사회적 위상을 유지하기 위해 외부 사회와 지속적으로 타협하며 신뢰 자본을 쌓은 것과는 달리 우리나라는 다른 경로를 밟게 된 것이다. 프로페셔널리즘이 형성된 과정의 차이라 할 수 있다.

우리나라 의료전문직은 외부 사회와의 소통 과정에서 직종 내 배타성이 깎여 나가는 훈련이 약할 수밖에 없었다. 그로 인해 스스로의 결정과 규범을 외부 사회에 설명해야 하는 의무가 왜 자신들에게도 결국 유리한지를 크게 공감하지 못 하게 된 것이다. 지금 일어나고 있는 의정 갈등도 길게 보자면, 고도로 발전한 의료시스템이 압축성장하면서 웃자란 부분과 미진했던 부분 간의 격차가 노출되고 개선되는 과정이라 볼 수 있다.

이외에도 우리나라 의료시스템이 발전해 오는 세월 동안 결정적인 계기로 꼽히는 것들이 몇 개 있다.

첫 번째로는 전문의 중심, 고급기술 중심을 지향하는 경로를 택했다는 점이다. 이러한 경로를 선택하는 데 지대한 영향을 미친 것은 미 군정기 이후 미국식 의료제도가 도입된 것이었다.

일제강점기 때는 단기교육을 받은 의사를 많이 배출해 기본적 일차 의료 필요를 충족시키는 것이 의학교육 목표였기 때문에 경성제대 의학부(6년제)를 뺀 나머지 7개 의학전문학교는 4년제 일반의사를 양성했다. 그런데 1951년부터 의학교육은 모두 6년제로 바뀌었다.

또한, 미국 국제협력단ICA 교육 원조 일환으로 1954년 9월부터 1961년 6월까지 진행된 미네소타 프로젝트도 전문의 중심 의료시스템을 확립시키는 중요한 계기였다. 미네소타대학을 거점으로 미국에서 수련/교육 기회를 얻은 의대 교수들이 최첨단 의술과 시스템을 보고 얼마나 놀라고 벅찼을까 싶다. 그들은 귀국한 후 새로운 교육방식과 의료기술, 4년제 간호교육, 인턴-레지던트십 등 새로운 제도들을 도입하는 데 큰 역할을 했다.

두 번째는 국가의 과소 투자다. 의료기관의 발전과 의료시스템 설계에 국가의 영향력이 약했다는 점은 우리 의료시스템이 가진 중요한 특성이고 현재 나타나는 많은 문제점을 낳은 근원이기도 하다.

해방 전 1942년 시점에는 국공립병원 67개가 전체 병원 177개의 38%를 차지한 데다가 병원 규모, 병상 수, 의료장비 모두 사립병원보다 월등했다. 그러나 한국 전쟁의 파괴, 그 후 원조에 의존하는 빈약한 재정 조건 하에서 이들 국공립 의료기관은 시설과 인력이 낙후되고 피폐해졌다.

정부 재정 지출은 전쟁을 겪은 나라로서 당연하게도 국방비 비중이 가장 컸고, 그 뒤로는 경제를 일으키기 위한 경제사업비, 그리고 교육을 위한 지출에 우선순위를 두었다. 의료에 투입하는 비중은 아주 낮았다는 뜻이다.

이에 시도립병원 의사들이 개인진료소를 열었고, 새로 배출된 전문의도 공공기관에서 미래를 보지 못하고 대부분 개업을 택했다. 이들의 개인진료소가 고속성장 속에서 부동산을 통한 자금 축적으로 규모를 확장해 병원 혹은 종합병원으로 성장하였다.

결국 개인 의원 시절과 별반 다르지 않은 정체성을 가진 채 규모만 커진 병원과 작은 의원급 의료기관 간의 역할 분담이 분명치 않게 됐다는 점, 그러다 보니 모든 수준의 의료기관이 서로 경쟁하게 되는 독특한 환경이 우리 의료시스템 특성으로 고착됐다.

서구의 경우에는 봉건시대를 거치면서 영주나 종교계가 지역 주민의 의료문제를 돌봤던 전통이 있었고, 근대국가에서는 일찍부터 공공병원을 설립해 빈민을 치료하는 것을 공권력의 책무라고 인지했다. 기본적인 의료 인프라가 공권력의 주도와 관리 하에 짜여졌다는 점에서 우리와는 근본 토양부터 다르다.

이는 정책 수용성에도 큰 차이를 가져왔다. 우리나라에서는 의사 개인이 의료수요를 좇아 의료기관을 만들고 확장하면서 일부 금융지원을 제외하고는 국가의 도움을 별달리 받지 않았기 때문에 국가 지시나 통제를 용인하기가 쉽지 않다. 정부의 중요한 개입이 시도될 때 갈등의 발화 온도가 낮은 것은 이러한 배경 때문이다. 요즘도 의료정책과 관련한 이슈가 발생하면 의사들의 반응이 '정부가 나한테 해준 게 뭐가 있는데 이런 걸 요구하고 통제하나?'인 것을 흔히 볼 수 있는데, 나름의 역사적 토양이 존재하는 것이다.

게다가 국가가 정책 방향성을 가지고 의료기관의 지역적 분포를 설계한 것이 아니라 공급체계 형성을 민간에 맡겨두었기 때문에 비어있는 곳, 취약한 곳에 대한 고려가 약하고, 인구와 경제력이 뒷받침되는 지역에 의료자원이 집중되는 부작용이 뿌리내렸다. 무엇보다 큰 병원, 중소형병원, 의원 등 의료기관 간 기능 분업에 관한 계획이나 조율 역시 미약해 지금까지도 수도권 대형병원을 향한 환자 쏠림이 심각한 문제가 되고 있다.

세 번째, 의료보장 재원 측면에서 건강보험 도입이다. 아마 우리 의료정책사에서 가장 큰 사건이리라 싶다. 1977년 500인 이상 사업장, 약 3백만 명을 대상으로 의료보험을 도입한 후 1989년 도시자영업자까지 포괄하게 되면서 불과 12년 만에 전 국민건강보험 확립을 선언했다.

세계 최초로 의료보험을 도입한 독일이 전 국민 포괄을 선언하는데 126년이 걸렸다는 점을 고려하면 대한민국 정부가 제도 확대에 얼마나 높은 우선순위를 설정하고 밀어붙였는지 짐작할 수 있다.

당시 한국경제를 이끄는 두 거인이라 할만한 남덕우 경제기획원 장관과 신현확 보건사회부 장관의 논쟁은 유명하다. 대통령 앞에서 둘은 치열하게 논쟁했는데, 남 장관은 의료보험 시행이 시기상조며 4차 경제개발계획을 착실히 준비하는 게 우선이라 주장했고, 신 장관은 '더 지체하면 사회불안이 온다. 사회가 안정돼야 경제개발도 안정적으로 달성한다'라고 받아쳤다.

박 대통령은 결국 신 장관의 손을 들어줬다. 그때부터 건강보험은 국가의 최우선 프로젝트가 됐다. 신 장관은 전체 보사부 직원들을 불러 모아 놓고 이렇게 당부했다.

"사회보장 제도 도입이 늦으면 사회가 불안해진다. 비 오는 날, '경제'라는 큰 수레가 지나고 나면 무른 땅에 바큇자국이 깊이 팬다. 경제 발전 이면의 바큇자국을 지우는 게 공적 부조이자, 사회개발이다. 그대로 놔두면 땅이 굳어 버려 바큇자국을 영영 못 지운다."

격무가 예고된 공무원을 사명감으로 일하게 만드는 강력한 동기부여 스피치였다. 이런 게 국가주도성장의 에너지가 아니었나 싶다.

약간 빗나간 방향이긴 하지만, 그 연장선 상에 있는 것이 김대중 정부 시기였던 2000년 373개에 이르던 개별 의료조합을 모두 통합해 전 국민 단일보험 체제로 전환한 것이다. 네 번째 결정적 계기라 하겠는데, 그 결과 (국가와 거리를 유지하는) 사회보험이란 용어보다 국가보험이라는 말이 적절해졌다. 독일의 제도를 일본을 경유해 본떠 왔지만, 결국은 한국 특유의 국가적 보험으로 전환한 것이다.

지금 시각에서 냉정하게 평가하자면, 개별 의료보험 간에 보험료과 혜택이 차이났던 것을 국민들이 납득하지 못한 것이 통합의 근본적인 동기였다. 사실 국민들로서는 의료보험이라는 것을 박정희 정부의 프로젝트라 인식했으니 자연스러운 갈등이었다.

어쨌든 사회보험 체제를 유지하며 그 원리에 맞게 발전시켰다면 개별 보험들이 피보험자를 확보하기 위해 서로 경쟁하면서 보험제도와 의료시스템을 발전시켜나갈 여지가 더 있었을 것이다. 사실 이것이 유럽 사회보험 국가가 시스템을 개선하는 주요 경로인데, 우리는 단일 제도로 경로를 전환함으로써 이 기회는 포기한 셈이다.

대신 의료서비스의 독점적 구매자로서 국가는 거대한 권력을 보유하게 됐다. 예를 들어, 매년 의료기관들과 수가 협상을 한다고는 하지만 실상은 의료기관들의 불만이 폭발하지 않는 수준에서 갈등을 관리할 뿐 정부가 압도적으로 우위에 선 교섭 구조다.

원가 이하로 수가를 싸게 유지할 수 있는 정부의 압도적 우위가 국민에게 이로운 것인지 아닌지에 대해서는 관점에 따라 의견 차이가 있을 수 있겠다. 그러나 확실한 것은, 정부 힘의 우위가 클수록 더 명석하고 미래지향적인 리더십을 발휘해야 하고 조화를 추구해야 한다는 점이다.

만약 단일보험자의 독점력과 효율성에 안주해 시스템 개선을 제대로 하지 못하거나, 의료공급자들을 찍어누르는 고압적 방식으로 갈등을 증폭시킨다면 국민들에게 이로움보다는 해로움을 안길 위험이 높다.

정부가 고압적인 자세를 유지하며 상명하복 관계를 무기 삼은 대표적 사례는 2000년 의약분업이 아닌가 싶다. 이는 이후 20여 년간 의정 관계에 크나큰 상처를 남긴 사건으로 우리 의료정책사의 다섯 번째 결정적 계기라 할 수 있다.

그해 여름 동안 전국 병원과 의원의 80% 이상, 개인 의원의 90% 이상이 파업에 참여했고, 2천 명 이상의 의사가 면허정치

처분을 받았다. 갈등의 정도가 격렬하기도 했지만, 현재적인 시사점 역시 크다.

의약분업이란 약 처방과 조제를 분리한다는 것인데, 사실 어지간한 선진국에서 모두 시행하는 제도다. 왜냐하면 의사가 약을 처방하면서 그 약을 판매하는 수익도 가질 수 있다면 아무래도 경제적 동기가 처방에 영향을 미치기 때문이다.

이것은 의사 개인의 인간성을 신뢰하지 못하는 차원이 아니라, 환자에게 어떤 약을 어느 만큼 처방할지 결정할 때는 어느 정도 회색지대가 존재하기 마련이고, 의사도 자기 이익을 잠재적으로라도 고려하는 평범한 인간이라는 점을 인정한 제도일 뿐이다. 그런데 왜 그런 제도가 우리나라에서는 이런 극단적 갈등을 가져왔을까?

그 근본적 원인은 정권이 바뀌면서 개혁 드라이브를 걸고 싶었던 정부가 과격한 방식으로 의료계를 부패집단으로 몰았기 때문이다. 간단히 사연을 요약하면 이렇다. 당시 국가 경제력으로 감당하기 어려웠던 의료보험제도를 1977년 도입하면서 정부는 의료수가를 원가 이하로 책정했다. 서울 시내 병원을 돌며 관행수가를 조사한 뒤 그것보다 낮게 책정한 것이다.

이는 의사들 일방의 주장이 아니라, 당시 신현확 보사부 장관이 1977년 6월 국회에서 관행수가의 75% 수준으로 보험수가를 책정했다고 답변한 것에서도 드러난다. 비용 이하로 책정했으니 의료계는 이후에도 수가 적정화를 계속 요구했지만, 당시 여론은 부유한 의사계층의 수입을 더 늘리는 조치라며 우호적이지 않았다.

그래서 정부는 국민이 예민하게 주시하는 의료수가를 올리기보다 상대적으로 관심의 사각지대에 있었던 약품 가격을 통해 의료계 불만을 잠재우는 길을 택했다. 약품 거래 과정에서 차익을 만들어 의료기관이 경영에 보태는 것을 '교차 보조'라는 명목으로 사실상 묵인한 것이다. 그 과정에서 제약회사는 의료기관과 담합해 세금계산서를 허위발급하고 의료기관에게 각종 리베이트, 학회참가지원금 등을 제공하는 등 음성적인 뒷거래도 흔했다.

이런 상황에서 김대중 정부가 기득권을 겨눈 개혁 드라이브를 걸고자 했을 때 당시 민주당의 정책기획단 부위원장이었던 서울의대 김용익 교수는 대통령에게 공개서한을 보냈다. 장문의 편지이긴 한데, 충격을 줬던 마지막 부분은 이렇다.

"의약품에 얽힌 비리는 뿌리가 깊고, 방법도 다양하며, 그 액수도 어마어마합니다. [⋯] 무엇보다도 두려운 것은 이러한 판

촉 방식이 의사들의 양심을 마비시켜 버린다는 것입니다. 타락할 만한 나이가 된 중년의 의사들만 이런 짓을 하는 것이 아닙니다. 20대의 젊디젊은 나이에서부터 이 병균에 노출되어, 이것을 병·의원 경영의 필수 불가결한 요령으로 보는 '현실주의자'가 되어 버리는 것입니다. [⋯] 저는 대학교수로서 애써서 가르친 제자들이 도둑질하는 의사가 되는 것을 이제 더 이상 보고 있을 수가 없습니다. 도와주십시오."

서울대 교수가 의사를 도둑이라 부르며 의료계 비리를 스스로 고발했으니 얼마나 파장이 컸을 것인가. 이는 의료개혁에 대한 국민적 관심을 촉발시켰고 의료계 비리를 척결한다는 강력한 명분을 주어 의약분업의 동력으로 작용했다.

당시 유학생이었던 나는 바다 건너에서 이 사건을 주시했는데, 이해하기 어려웠던 점은 정부의 안면 바꾸기였다. 가난한 나라가 건강보험제도를 도입하는 과정에서 정도를 벗어난 타협을 한 것은 가슴 아픈 일이지만, 정부 역시 그 한 축이었다. 그러니 이를 시정하기 위해서는 손가락질이 아니라 조금 시간이 걸리더라도 설득과 손해보전이 상식이 아닌가 싶었다.

지금도 일부 의사들은 의약분업 자체를 반대하지만, 내 관점은 다르다. 의약분업의 취지와 목적은 적절했다. 파괴적인 결과를 가져온 것은 상대를 모욕하고 악당으로 몰아 그 사회적 분노를 동력으로 삼는 과격하고 도발적인 개혁 방식이었다고 생각한다.

이런 방식이 얼마나 큰 부작용을 가져왔냐면, 그 이후 20여 년간 정부와 의료계 간의 신뢰는 바닥에 가까웠다. 수가를 올리기 어려워 우회로를 묵인해놓고 갑자기 의사를 도둑 취급하며 개혁 대상이라 못 박았으니 감정이 상했을 것은 당연하다.

그런 사연이 있었으니 의정 간에 심금을 털어놓는 대화가 가능한 감정 상태가 아니었을 것이다. 대단히 긴밀한 대화와 협조가 의사 직종과 정부 간에 존재해야 할 필요성과 중요성을 생각하면, 2000년에 의약분업을 밀어붙여 시행한 것의 비용은 경제적 수치를 훨씬 뛰어 넘는다.

결과적으로 이제껏 제대로 된 의료정책 파트너십은 형성되지 못했고, 국가는 의료시스템을 근본적으로 개선하는 정공법보다 건강보험 재원을 통한 통제를 주로 활용했다. '이것에 협조하면 재원을 얼마 더 주고, 수가를 얼마 더 얹어주겠다'는 식이었다.

그마저도 건강보험 단일체제가 주는 힘의 우위 속에서 상호이해를 추구하기보다 강압적인 방식을 추구하는 것이 손쉬웠으

니 의료전문직과 정부의 관계는 참으로 개발도상국적이었다고
할 수 있다.

대한민국 의료시스템,
4층 증축이 필요하다

20년쯤 전이다. 직장 건강검진을 받은 후, 위점막에 혹이 보인다
며 대학병원급에 가서 초음파사진을 찍으라는 소견을 들었다.
분위기로 봐서 통상적으로 많이 있는 일인가보다 했다. 점심시
간을 이용해 근처 대학병원에 들렀는데, 그 병원 중견급 과장님
한테 지정이 됐다. 건강검진 사진을 내놓자마자 이분이 대뜸 하
는 말씀이 사진 속 혹 위치가 나빠서 어차피 잘라내야 하니, 오
늘 당장 입원하고 수술실 예약도 해서 빨리 끝내자는 거였다. 그
것도 위장을 부분 절개하는 게 아니라 통째로 들어내는 수술이
었다.

　위가 없으면 어떻게 살아가냐 물었더니 그는 너무나 대수롭
지 않게 위가 없으면 십이지장과 소장이 그 역할을 대신하니 별

문제 없다는 거였다. 나는 황급히 '오장육부가 오장오부가 되는 큰일이니 다른 소견도 받아봐야겠다'라며 뛰쳐나왔다.

다른 병원에 외래를 예약하고 기다리는 시간이 참 초조했다. 인터넷에서 위 전체를 잘라낸 환자들이 어떻게 살아가는지 찾아보다가 펑펑 울기도 했다. 남은 평생 갈비나 나물을 못 먹겠다 싶어 고기를 일부러 찾아 먹으며 기다렸다.

그런데 그렇게 찾아간 큰 병원에서 교과서적 진료가 무엇인지 그 위용을 봤다. 위 전문 의사라는 그분은(훗날 대통령 주치의가 됐다는 보도를 본 적 있다) 너무나 담담하게 앞으로 6개월마다 초음파를 찍으며 혹 크기가 변화하는지 관찰할 것이고, 변화가 있으면 국소절개, 일정 기간 변화가 없으면 보통 내시경으로 관찰하겠다고 했다.

결과적으로 나는 아직 오장육부가 건재하고 갈비건 스테이크건 없어서 못 먹을 정도다. 처음 찾아간 대학병원 의사를 전적으로 신뢰하지 않은 게 얼마나 다행인지, 소위 빅4, 빅5라고 하는 세계 수준급 병원이 우리나라에 존재해 추가 소견을 받을 수 있는 것도 얼마나 다행인지 싶다.

얼마 전에는 다섯 살 위 언니가 암 진단을 받았다. 몇 년 전 형부가 돌아가시고 서울이 싫어졌다며 지리산 자락에 내려가 살고 있던 언니는 등이 아파 병원에 갔다가 덜컥 중증 암 진단을 받았다. 항암치료를 받는 동안 우리집에 같이 머물렀는데, 채혈을 위해 새벽 6시 반에 병원에 가야 하는 날들이 이어졌다.

지방에 거주하는 사람들은 어떻게 이런 일정을 감당하나 봤더니, 고시원이나 모텔을 개조한 일명 '환자방'이라는 것이 대형병원 근처마다 많이 있다는 것이었다. 암 진단을 받고 마음이 무너져내렸을 텐데, 객지 모텔에 머무르며 진료를 받는 환자들이 많다는 보도를 보니 뭐가 잘못돼도 크게 잘못됐다 싶었다.

전국에서 중환자들이 찾아오는 병원은 그 역할에 충실하게 해줘야 한다는 주장들이 그간 꾸준히 제기되어 왔다. 소위 4차 병원 지정이다. 현재 의료기관의 층위는 3층으로 이루어져 있는데, 이를 4층으로 만들어 전문성과 의료장비가 3차 병원보다 높은 의료기관을 전 국민의 병원으로 만들자는 것이다.

현재의 층위는 이렇다. 1차는 가벼운 질환이나 일상적 건강 문제를 다루는 의원이나 보건소, 2차는 주요 진료과목과 전문의를 포함하되 상대적으로 작은 종합병원급이다. 3차는 현재 위계에서 최상급인데, 20개 이상 진료과목을 갖춘 상급종합병원이다. 전국에 47개가 있으며, 1,2차 병원 의사가 발급한 진료의뢰서를 지참해야 진료가 가능하며 건강보험 혜택도 받을 수 있다.

문제는 3차 의료기관 중 소위 빅5라고 불리는 의료기관의 역할이다. 이들은 모두 세계수준급 병원이라 불릴 만큼 국민들의 신뢰를 받고 있지만, 놀라울 정도로 후진적인 부분도 있다. 대표적으로 이번 의대 증원 갈등에서 드러났듯 전공의 비율이 40%에 이른다. 다른 선진국의 대표적인 고난도 치료 병원은 전공의 비율이 10% 수준이다.

　정상적인 모습은 소수의 전공의를 받아 제대로 교육시키고, 병원 진료는 고도의 전문성을 보유한 전문의들이 전적으로 맡는 식이다. 그러니 설사 의료계를 둘러싼 갈등이 확대되더라도 가장 심각한 환자들의 진료에는 영향이 가지 않는 구조이다.

　한 언론에 인용된 정부 관계자의 말에서도 이런 구상을 읽을 수 있었다. '그간 민감한 정부 정책이 발표될 때마다 전공의들이 병원을 떠나 파업을 주도했고, 그때마다 빅5의 중환자 치료는 큰 차질을 빚었다. 빅5병원이 다른 3차 병원이 의뢰하는 중환자 위주로 진료·수술을 하고, 전공의 비율을 10% 수준으로 줄인다면, 어떤 상황에서도 흔들리지 않을 수 있다'라는 것이다.

　4차 병원으로 빅5를 승격시키겠다는 말인데, 이를 약간 꼬아서 듣자면, 이번과 같이 전공의 이탈 사태가 진료 차질을 빚어 정부의 교섭력 약화를 초래하는 구조를 바꾸겠다는 말로 들릴 수도 있다. 더군다나, 의료시스템 전반의 틀을 완전히 바꿔야 할 뿐만 아니라, 환자 수가 감소할 빅5병원에 대해 막대한 재원 보조가 필요한 구상이라 반대 의견도 만만치 않다.

만약 정부의 의도가 정말 그렇다면 비판받아 마땅하겠지만, 나는 정부의 속내가 무엇이든, 지금은 가장 본질적인 면에 집중해야 할 때라고 생각한다. 이미 빅5병원은 전 국민이 마지막으로 의지하는 기관이다. 내가 어느 대학병원에서 위를 통째로 잘라내야 한다는 진단을 받고 울면서 확인하러 갔듯 말이다.

그런데 이제까지 이들은 대규모 자본투자와 인건비를 회수하기 위해 그다지 위중하지 않은 환자들까지 수도권, 지방 할 것 없이 박리다매식으로 강력하게 빨아들였다. 2018년부터 5년간 빅5에서 치료받은 암 환자 중 39%(103만 명)는 비수도권 거주 환자였고, 다른 질환을 포함한 전체 비수도권 환자는 지난 10년간 40%가량 급증했다. 지역의료를 죽이는 주범이기도 한 것이다.

왜 이런 일이 발생하냐면, 나라가 너무 가난하고 돈 쓸 데가 많아 의료 부문에 국가가 투자를 제대로 못 했기 때문이다. 나라의 영이 서려면 재원이 동반돼야 하는데 그러질 못했으니 민간의료가 자본의 논리로 커가는 것을 견제하지 못했다. 의료시스템에 큰돈을 들이지 않고 운영하려다 보니 생긴 문제인데, 이를 수십 년간 방치하다보니 지금에 이르렀다.

　이제라도 시스템을 정상화시키기 위해서는 원칙이 필요하다. 내 언니와 같이 생명이 위급한 상황에서 상위 5대 병원을 찾아가 치료를 받았더라도 이후 안정기의 정기 진료까지 계속 같은 병원에서 받을 필요는 없다. 긴밀한 협력과 정보 공유가 가능하도록 네트워크를 튼튼히 연결해서, 거주지역 의료기관에서 이후 치료를 이어가면 된다. 물론 의사로서는 환자가 완전히 회복하기까지 지켜보고 싶은 마음이 강하겠지만, 이들이 국가적으로 담당해야 할 역할이 크다는 점을 고려해 시스템을 짜는 것이 필요하다.

　결국 우리 의료시스템 내에서 빅5병원이 맡아야 할 역할과 사명을 분명히 하고 지원해야 할 일이다. 전국 어디에 살더라도 필요할 때 최고의 의료서비스를 받을 권리가 서울 사는 사람만큼 보장되고 불편함이 없도록 하는 게 빅5 관련 정책의 본질적 방향성이 아닐까 싶다.

　단, 되짚어봐야 할 것은 과거에도 이미 우리 사회가 이런 시도를 했다가 실패한 적이 있다는 점이다. 1989년 도입한 의료전달체계가 그것인데, 전달체계가 엄격한 영국식 의료서비스 제한 시스템rationing을 모방했다. 진료권 범위를 설정하고, 1차 진료는 거주지 시군단위 중진료권, 2차 진료는 도중심의 대진료권, 3차 진료는 전국적인 대형종합병원에서 맡게 했다.

그러나 이는 시행 초기부터 실효가 없었던 것으로 평가됐다. 1992년 12월 〈동아일보〉는 대형병원 의사 대상 설문조사 결과를 실었는데, 기사 제목이 '의료전달체계 실효 없다'였다. 대형병원을 찾는 환자의 질병 정도가 제도 시행 전후에 변화가 없었다는 것이다. 다시 말해서 진료의뢰서는 형식적으로 발급되고 의뢰서상 진단 소견은 부실하게 기재됐다.

이는 국가의 정책 리더십이 부실하고, 국민은 가고 싶은 병원을 선택하는 데 익숙하고, 의원급 의사들은 환자가 원하는 바를 들어주지 않으면 경쟁 속에서 불리해질 것을 염려하는 구조였기 때문이다. 게다가 대형병원 역시 치료가 끝난 후 환자를 1·2차 의료기관으로 돌려보내지 않았다.

25년이 흐른 지금, 당시의 실패를 돌아보면서 얻어야 하는 시사점이 무엇일까. 의료기관 간 경쟁이 심하고, 가고 싶은 상급병원에 가는 게 익숙한 국민들이라는 조건은 동일하다. 그러니 빅5병원 이용에 대한 규칙을 정하고 국민이 준수하기 위해서는 왜 이런 정책이 필요한지, 이를 위해 국가가 어떤 투자를 집중적으로 할 것인지 설명하고 설득하는 것이 중요하다. 지난 20여 년간 의료 관련 학회마다 '전달체계개혁'이라는 말만 무성했지 한 걸음도 진척이 없었다. 정부의 정책 리더십과 투자가 미약했기 때문이다.

그렇다고 마음만 앞서서 '선실시 후보완' 같은 방식을 다시 사용하면 반발과 충돌의 악순환만 반복될 뿐이다. 국가가 이해 관련자들과 국민을 제대로 대접하며 소통하는 정책 리더십을 익히기 시작해야 악순환의 고리를 넘어설 수 있다.

늦출 수 없는 의사 수련 비용의 사회화

2024년 의대 증원 갈등 속에서 새로 알게 된 놀라운 사실은 우리 의료시스템이 얼마나 비정상적인지였다. 고품질 의료를 싼 가격에 이용하고 있다는 자부심에 상처가 단단히 났다. 사실 싼 데도 비지떡이 아니라면 뭔가 이면의 사연이 있을 수밖에 없는데, 그간 모른 체해 온 것이다.

그간 우리는 최고 수준의 대형병원들을 자랑스러워했지만,

전공의들과 수련 책임을 맡은 전문의들이 스스로를 갈아 넣는 희생 속에서 겨우 작동하고 있었다는 사실을 우리가 몰랐던 것이다.

그나마 2015년 전공의법(전공의의 수련 환경 개선 및 지위 향상을 위한 법률) 제정 이후 과도한 근무를 제한하는 흐름이 이어지고 있는 것은 다행이지만, 전공의들의 수련 환경 만족도 조사를 보면, 아직도 수련과 관계없는 소위 '잡일'이 차지하는 비중이 높고, 수련 환경 개선을 위한 병원 노력이 미미하다는 불만의 목소리가 잦아들지 않고 있다.

여기서 우리가 깨쳐야 할 점은 무엇인가? 내야 할 비용을 제대로 내야 할 때가 됐다는 것이다. 나라가 이만큼 잘살게 됐으면 우리가 이용하는 각종 서비스 역시 각자가 누리는 만큼 흔쾌히 그 비용을 부담해야 한다는 뜻이다. 그 서비스들 역시 수많은 국민들의 땀이기 때문에 그것에 제값을 지불하지 않으면 그게 바로 불공정이다.

뭐든 제값을 치르지 않는 경우에는 눈에 보이지 않더라도 어딘가에 구멍이 나기 마련이다. 이번에 언론의 주목을 받지는 않았으나 내가 가장 놀랐던 부분은 전공의 교육이 다른 선진국에 비해 크게 뒤처지고 있다는 점이었다. 아니, 전국 이공계 학생 중 가장 우수한 1%가 의사가 되는 나라에서 어떻게 이럴 수 있나 싶었다.

결국 비용의 문제였다. 오랫동안 전공의 수련 제도를 연구해 온 이선우 교수의 연구를 접하고 깜짝 놀랄 수밖에 없었다. 미국이나 캐나다의 병원은 전공의 수련 교육을 총괄하는 의사는 전체 근무시간의 80%를, 지도 책임을 맡은 의사들은 40%를 수련 교육에 할당하고 있다는 것이다.

교육 전담 전문의는 일주일 근무의 이틀, 총괄 책임자는 5일 중 4일 동안 환자 진료를 안 보고 전공의 교육에 시간 전부를 쏟는 것이다. 우리나라 대형병원에서는 꿈도 못 꿀 얘기다. 이들이 환자 진료를 보지 않는 비용을 누군가 지불해야 정상적인 교육이 이루어질 수 있는데, 우리나라처럼 의사 개인의 선의와 희생에 의존하는 의료시스템에서 어떻게 보석이 연마되길 바랄 수 있겠는가.

뿐만 아니다. 전공의 수련 기관을 주기적으로 인증하는 독립 기관도 있어야 한다. 병원 한 군데서만이 아니라 다양한 진료 환경에서 수련을 받을 수 있도록 교육과정을 잘 설계하고 조율하는 주체도 필요하다. 선진국들은 우리와 달리 이런 투자를 꾸준히 확대하고 혁신해왔다.

소중한 인적 자산일수록 정성껏 키우는 게 상식인데, 최소한의 비용 보전도 없이 이를 개별 의료기관에만 미뤄놓는 것은 국민들 보기에 민망한 일일 뿐 아니라 부실교육을 하라고 고사 지내는 것과 같다. 수련에 필요한 비용을 국민이 함께 부담하는 것이 새로운 규범이 돼야 할 것이다.

특히 필수진료와 관련해서는 일본 사례가 시사하는 바가 크다. 우리보다 고령화를 일찍부터 겪고 있는 일본은 전공의 교육에 최근 눈에 띄는 여러 가지 혁신을 꾀하고 있다. 고령화로 의사 수요가 늘어나는 한편, 노인 특성상 여러 질병을 한꺼번에 앓는 경우가 많아 의대 졸업과 인턴을 마치고도 환자를 볼 전문성이 충분치 않아졌다는 문제의식을 반영한 결과다. 그래서 2020년부터 인턴 과정을 2년으로 늘렸는데, 인턴만 마치고 진료를 하게 될 일반의의 전문성을 높이는 조치이지만 더 눈길이 가는 부분이 있다. 2년으로 늘어난 기간 동안 내과, 소아과, 응급의학과, 지역사회 기반 진료를 충분히 수련하도록 안배하고 2년 차에는 벽지·낙도, 소형병원, 진료소를 선택해 지역사회 의료를 경험하게 하는 것이다.

이에 대한 이선우 교수의 해석에 눈길이 가는데, 수련 기간 동안의 경험이 향후 의사 생활에 큰 영향을 미친다는 것이다. 필수의료를 심도 있게 경험하면서 느끼는 '바이탈 뽕(!)'은 의사라는 직업에 대한 스스로의 인식을 바꾸고 보람을 발견할 수 있게 해 필수의료를 전공할 확률을 높인다는 것이다.

지역사회 의료를 경험하게 하는 것도 마찬가지 효과를 기대할 수 있다. 의사 지인들 얘기를 들어보면, 수련 기간 동안 지방에서 진료 경험을 쌓은 이들은 이후에도 지방에 정착하는 것에 대한 심리적 장벽이 현저히 줄어든다고 한다.

결국 이는 사회적 환경 변화가 요구하는 수요를 의사 수련 과정에 반영하는 것이 중요하다는 점을 말해준다. 그 과정 안에 '좋은 의사란 무엇인가'라는 질문에 대한 공동체의 답변을 녹여내는 것이다. 의사를 수련시키는 비용은 이제 사회적으로 국민이 함께 부담하고, 좋은 의사를 만들기 위한 고민을 깊이 해서 양성 과정에 반영해야 사회와 함께 숨 쉬는 의사를 길러낼 수 있다.

비급여 관리,
우선순위가 중요하다

얼마 전 한 언론 기사는 서울 강남구 피부과 의원 58%가 피부
질환을 진료하지 않는다는 내용을 보도했다. 보톡스나 레이저
등 정부의 가격 통제를 받지 않는 비급여 미용만 한다니, 피부
과 의료기관이 아니라 뷰티샵이나 마찬가지라는 것이다. 그러니
발바닥 티눈을 치료하기 위해서 대학병원에 간다는 기이한 일
이 벌어진다.

기껏 양성한 의사들 중 상당한 비중이 미용으로 향하게 되
는 것은 아까운 일이다. 미용은 돈이 되고 의료는 돈이 안 된다
는 게 이들의 판단이었을 것이다. 이번 의대 증원 결정을 보고
많은 이들이 늘어난 의사들이 필수의료로 진입한다는 보장이
없지 않냐고 지적했다.

백 퍼센트 동의한다. 수입도 적고, 의료소송 위험도 큰 필수
의료에 평생 종사할 것이라는 결심을 할 수 있도록 만들어주는
노력이 필요하고, 그것을 위한 구체적인 계획이 선행됐어야 한
다는 데 이견이 있기 어렵다.

그런데 현재 논의되는 것처럼 필수의료 수가를 높여 기본에 충실한 진료, 교과서적 진료만으로도 생활이 되게끔 하는 것이 물론 중요하지만, 그것만으로는 부족하다고 생각된다. 필수의료를 하지 않고 대신 선택할 대안이 너무 강력하기 때문이다.

비급여 진료에 몰두해 소득을 올리는 행태나 피부나 비만 등 아예 아픈 환자는 보려 하지도 않게 할 만큼 수익이 높은 영역을 그대로 두고, 수가 인상만으로 필수의료 의사 부족 상태가 크게 개선되기를 기대하기는 어렵다. 밀어내는 요인과 당기는 요인 두 가지를 모두 점검하는 것이 필요하다.

이는 결국 비급여 진료의 관리 문제다. 비급여 문제는 역대 정부에서도 항상 중요한 이슈였다. 의료보장을 확대하려면 비급여를 줄여야 하지만, 건강보험 재정을 위해서는 무턱대고 비급여를 급여화할 수도 없으니 비급여 이용을 통제할 필요성이 제기됐기 때문이다.

비급여란 건강보험이 지불하지 않는 서비스인데, MRI나 도수치료처럼 의료 영역에서 발생하는 것과 피부미용이나 성형, 비만 관리 등 비의료 영역에서 발생하는 것으로 나눌 수 있다.

그러나 건강보험이 값도 치르지 않는 영역인데, 비급여 진료에 대한 정부 개입이 정당화될 수 있냐는 반론에 번번이 묻혀 제대로 정책을 만들지 못했다. 그러나 이번에는 전혀 다른 각도에서, 즉 필수의료 의사 인력 확보라는 측면에서 문제에 접근해야 하는 새로운 국면이 열리고 있다.

그간 정책 방향이 어땠냐면, 비의료 영역은 사실상 도외시했고, 의료 영역의 비급여에 대해서는 관리하려 시도는 했으나 끊임없이 실패해오는 과정이었다고 요약할 수 있다.

끊임없이 시도하고 실패했다는 것은 그간의 정책적 노력이 '끝없는 비급여 꼬리잡기'였기 때문이다. 건강보험은 김대중 정부에서 국가 관리로 전환됐는데, 그 직후인 노무현 정부부터 일관된 방향은 건강보험 보장성, 즉 전체 의료비 중 건강보험이 보장하는 부분의 비중을 몇 퍼센트까지 올리겠다는 것이었다. 그래야 의료비 때문에 집안 기둥뿌리가 흔들리는 재난 상황을 막을 수 있다고 믿었기 때문이다. 그 성과로 건강보험이 포괄하는 의료서비스가 넓어져 온 것은 부인할 수 없지만, 비급여 역시 빠르게 확대됐기 때문에 실제 보장성 수치는 별로 상승하지 않았다. 지난 20년 동안 어마어마한 재원을 쏟아부었지만, 60%대 중반을 넘지 못했다.

예를 들어 MRI를 보험으로 커버해 보장성을 높일 수 있다고 기대했는데, 실제 그렇게 하니 MRI 검사량이 급속히 증가해 비용은 급격하게 늘어났음에도, 새로운 비급여가 계속 개발돼 보장성은 별로 오르지 않는 패턴이 반복되었다.

대표적으로, 문재인 케어는 MRI, 초음파 등 비급여 항목을 대대적으로 급여화해 보장률을 70%로 올리고 30조 원 정도를 지출한다는 계획이었다. 그 결과에 대한 조세재정연구원 보고서에 따르면, 뇌 MRI 검사 급여 횟수는 54배, 뇌혈관 MRI는 101배로 늘어나 급여화된 항목의 의료 이용이 급증한 것으로 나타났다.

그럼 어떻게 하는 게 좋을까. 건강보험의 가장 중요한 목적이 갑작스러운 의료비 충격으로부터 국민을 경제적으로 보호하는 것인 이상, 고액중증질환 의료비 부담을 줄이는 것은 당연히 최우선이다.

2023년 시행된 한국갤럽 설문조사에서 국민 대다수(약 85%)는 경증질환보다는 암, 심장질환과 같은 중증질환과 필수의료 중심으로 건강보험 보장성을 확대해야 한다고 응답했다. 의료와 관련한 국민들의 두려움이 주로 고액중증질환으로 인한 경제적 타격이라는 통념과 일치하는 결과다.

그렇다면 이제까지 경험한 시행착오들까지 감안해 앞으로의 방향을 세울 수 있겠다. 우선 무조건 비급여 덩치를 줄이는

데 매몰되기보다는 '건강보험이 꼭 지불해야 할 필요의료서비스'를 확대하는 차원에서 비급여를 줄여나가는 것이 더 중요하다는 점이다. 즉, 같은 비급여라도 중증질환 치료와 관련된 비급여를 보장하는 데 우선순위를 둬야 한다는 의미다.

또한 이와 관련이 적은 비급여나 피부·성형처럼 '소비적' 의미의 비급여 지출 역시 그대로 방치할 것이 아니라, 이들이 의사 인력을 흡수해 필수의료 서비스에 부정적 영향을 미치는 구조를 적극적으로 고쳐야 한다.

근래 화제가 된 도수치료를 예로 들자면, 실손보험에 언제 가입했는지에 따라 얼마나 보장되는지가 달라지는데, 이 내용을 의사가 컨설팅해주면서까지 그에 맞춰 치료량을 정하는 병·의원들이 늘어나고 있다. 가격도 문제인데 무릎 연골주사의 경우 실손보험 청구 건당 금액이 100만 원부터 2천 600만 원까지 천차만별이다.

유행처럼 확산되곤 하는 이런 비급여 진료는 필수의료와는 판이한 방식으로 의사가 쉽게 높은 수익을 올리는 원천이 되고 있다. 가격과 진료방식, 진료량에 대한 기준과 가이드라인을 만들어 제동을 걸지 않고는 필수의료를 되살리기 어려울 것이라 판단된다.

같은 취지에서, 건강보험 진료를 아예 하지 않는 피부, 성형, 비만, 미용 등의 병·의원도 이제는 제도적 모니터링 안으로 포함시켜야 한다. 필수의료를 살리기 위해서라는 목적도 중요하지만, 꼭 그것이 아니더라도 이들이 어떤 서비스를 제공하고 어떤 가격을 받는지 이용자가 직접 가기 전에 미리 알기도 어렵고 적정한 가격인지 판단할 근거도 없다. 보통의 생산품 시장이라 해도 과하게 방치된 시장인 셈이다.

이들 의료기관이 제공하는 모든 서비스 목록을 비교 가능한 표준 형태로 작성케 하는 것, 그리고 그 각각에 대한 가격을 홈페이지에 세밀히 공시하게끔 하는 조치는 최소한으로 필요하다. 이는 소비자 알 권리와 가격경쟁 통로를 마련하는 최소한의 노력이다.

국민을 호구로 만드는 보험약 가격제도

얼마 전 신문 칼럼을 읽다가 깜짝 놀랐다. 의약품 정책에 관한 전문가 칼럼이었는데, 16년 전에 발간된 내 보고서를 인용하고 있었다. 지금까지 달라진 게 없고, 현재 제안되는 해법 역시 그 때 내가 머리를 짜냈던 내용과 거의 차이가 없다는 데 놀랄 수밖에 없었다. 나라가 이렇게 진전이 없을 수가 있나.

의약품 문제는 오랫동안 의료 부문의 흑막 취급을 받던 영역이다. 오래전 나라가 가난했을 때 제대로 수가를 지불하기 어려워 의약품을 통해 의사들의 소득을 보전할 여지를 살짝 남겨놓은 것이 거래 불투명성을 키운 것이다.

그 결과 중 하나가 간간이 신문 지상에 언급되는 리베이트 문제인데, 사실 몸통은 의료기관과 제약사 간에 로비와 돈이 얽힌 거대하고 복잡한 구조다. 오래전 의대, 보건대학원 교수들과 스터디 모임을 같이 하면서 끊임없는 한탄의 대상이 됐던 제일 큰 이슈가 이것이었다.

기본 구조는 이렇다. 약은 새로 개발한 오리지널 약과 특허가 만료된 뒤 그것을 베껴 만든 복제약으로 구성돼 있다. 오리지널 약은 연구개발비용 때문에 가격이 비싸지만 복제약은 오리지널 약에 비해 훨씬 싸게 유통돼야 한다.

그런데 우리나라는 건강보험에서 복제약 값을 터무니없이 비싸게 쳐준다. 그러니 약값이 건강보험 지출의 30%에 가까울 정도로 큰 비중이다. 그래서 제약회사는 복제약 한두 가지만 생산해도 회사가 굴러가니 회사 수가 2백 개가 넘고 현금도 풍부하다.

여기서 핵심은 약값이 더 이상 안 떨어지게 만들어놨다는 것이다. 그러니 건강보험 재원을 약값으로 빼내서 그것을 의료기관과 제약회사가 나눠 갖는 구조다. 김대중 정부 때 리베이트를 없애는 개혁이라며 보험약 가격제도를 실거래가 상환제로 바꿨는데, 이 제도 하에서는 더 싸게 팔아도 파는 사람 사가는 사람 아무도 이득을 안 보게 되니 원천적으로 가격을 낮추려는 이가 안 생긴다.

원래 경쟁 제품이 많으면 제약회사는 소비자에게 선택을 받기 위해 가격 인하 등 혜택을 제공하는 것이 정상이다. 미국의 경우 복제약들이 개발돼 시장에 추가로 진입할수록 가격이 무섭게 떨어진다.

그러나 우리나라는 제약회사들이 가격을 낮추는 대신 의사와 병원을 향한 리베이트 등 로비 경쟁으로 판로를 유지하는 데 골몰하고, 이 제도의 문제점이 알려지지 않도록 학계와 정부를 향한 로비도 성했다. 지금까지도 보건복지부 고위 공직자가 은퇴 후 제약협회 간부로 가는 일이 흔하다.

당시 내가 느꼈던 제일 심각한 문제는 어떤 제품에 건강보험이 돈을 얼마나 지불하고 있는지 데이터가 뒷받침돼야 이런 현황을 알리고 제도 개혁을 주장할 수 있는데, 아무리 애써도 철통같은 방어를 도저히 뚫을 길이 없었다는 점이었다. 고민 끝에 나는 당시 보건복지부 담당과장을 찾아가 간청했다. '이런 문제가 있다는 것을 당신도 알지 않냐. 문제를 까지 않으면 고칠 수도 없다. 이렇게 간단한 데이터도 원천봉쇄하면 담당부처가 여러 가지 오해를 받아도 할 말이 없지 않냐'라며 설득했다.

운 좋게도 그 과장은 공적 마음자세가 대단히 강한 보기 드문 사람이었다. 한참을 고민하더니 자신도 평소에 이 문제에 많이 공감했다며, 돕겠다고 했다. 헤어지면서 저런 공무원이 있어 참 다행이다 싶었다. 돌아보면 그때가 우리나라 의약품 정책의 이면을 빈틈없이 가리고 있던 덮개에 작은 틈새가 열렸던 순간인 듯하다.

보고서를 완성해 발표했던 학회에서 제약업계의 원색적인 비판이 쏟아졌는데, 보건복지부 담당과장(자료 확보를 도와준 이와는 다른 사람이었다)까지도 내 보고서를 비난했다. 건강보험 재정이 새고 있으니 바로잡자는 보고서에 언성을 높이는 보건복지부라니.

난리통 토론 동안 조용히 좌장 역할만 하신 원로교수님의 마무리 발언은 이랬다. "우리나라 제약업은 제도적인 묵인하에 오랫동안 땅 짚고 헤엄치기를 계속해왔습니다. 이 자리에 오신 모든 분들이 이 보고서를 꼭 읽어보셔야 한다고 생각합니다"라며 오랫동안 답답해하던 본인 마음을 진솔하게 표현하셨다.

그 후 업계, 정부, 학계 간의 치열한 논쟁이 이어졌고 내가 근무하던 한국개발연구원으로 보건복지부 출신 제약협회 부회장을 앞세운 제약회사 대표들이 우르르 몰려와 고성을 질러대며 항의하기도 했다.

제도를 바꾼다는 얘기도 들려왔지만, 결국엔 그 반대들을 제대로 뚫지 못했다. 약가를 내리긴 내리되 가격경쟁 메커니즘을 내장하지는 못하는 사실상 일회성 인하에 그쳤다. 지금은 어떤가. 박성민 교수에 따르면 경제협력개발기구OECD 회원국에 비해 여전히 우리나라는 약값도 훨씬 비싸고, 비싼 약 위주로 사용한다.

게다가 기발한 꼼수도 부리고 있다. 간납업체(간접납품업체)라는 의약품 도매상이다. 병원관계자나 의사(또는 지인이나 친족)가 직접 의약품 도매상을 차려 제약회사로부터 싸게 사들인 후 병원에 비싸게 판다. 건강보험으로부터 실거래가라며 이 가격을 상환받는다.

약품 도매상을 직간접으로 만든 후 그것을 통해 건강보험 재정을 빼먹는 구조인데, 의료기관 경영에 도움되는 것도 아니다. 병원장 개인 이익이 될 뿐이고, 리베이트 통로로도 활용되곤 한다. 설사 병원이 망해도 병원장에게 병원이 빚을 갚아야 하는 우스꽝스러운 상황이 벌어진다. 일부 대형병원마저도 이 문제의 일부라 의심될 정도다.

간납업체를 활용한 방식이 횡행한 지 이미 10여 년이다. 약품 가격을 책정하는 방식을 근본적으로 시정하지 않는 이상, 거대한 복제 약값 마진을 빼돌리기 위한 다양한 꼼수는 앞으로도 형태를 바꿔가며 나타날 것이다. 꼼수를 부리고 수사하고 법을 개정하는 3자 간 '나 잡아봐라' 게임을 끝없이 하게 만드는 게 정책의 실패인 이상 이를 바로잡는 게 본질이다.

결국 해결책이란 싼 약을 사용하도록 제도를 만들면 된다. 품질, 가격, 공급 역량을 평가해 복제약 몇 개를 선별한 후, 선별 복제약은 환자 부담을 거의 없애는 수준으로 낮춤으로써 환자 선택으로 가격경쟁을 증진하는 것이다.

과거 가난했을 때 뚫어 놓은 편법 통로는 이제 막을 때가 됐다. 수가로 지불할 것은 제대로 수가를 책정하고 약값은 약값대로 투명하게 거래해 누수가 없도록 하는 것이 원칙이다.

의료소송 위험 줄이고
안전망은 강화하는 특례법 제정

국가가 의료 인프라를 직접 까는 대신 민간 투자에 의존했고, 이후 운영도 되도록 저렴한 비용으로 해결하려고 했던 노력이 고착되면서 펑크가 크게 난 영역이 바로 필수의료 영역이다. 이제 이를 정상화시키려는 노력이 필요한데, 그중 가장 시급한 조치 중 하나가 법적 리스크로 인한 기피 성향을 완화시킬 방안을 찾아내는 것이다.

예를 들어, 출산 시 누군가의 과실로 아기가 사망했거나 평생 안고 갈 장애를 얻었다면, 그 부모가 느꼈을 절망을 감히 헤아리기조차 어려울 것이다. 그런데 그 과실 여부 판단이 본질적으로 복잡하고 애매해서 과실당사자로 주목된 이가 쉽게 승복하지 못한다면, 사후 처리 과정도 양측 모두에게 고통스럽기 마련이다.

근래 회자되는 사례로 2017년 이대목동병원 사건을 들 수 있다. 오염된 주사를 맞혀 신생아 4명을 사망에 이르게 한 혐의로 의료진 7명이 기소됐으나 5년에 걸친 소송은 대법원 무죄 판결로 마무리됐다. 이 사건은 100% 근방이던 소아청소년과 전공의 지원율을 10%대로 급락시킨 주원인으로 지목되고 있다.

평택의 한 산부인과에서 있었던 분만 사고로 2023년 12억 원 배상 판결이 내려진 사건도 화제가 됐다. 신생아가 출산 과정에서 뇌성마비 장애를 입었는데, 1심 판결은 의료진이 태동 감소를 확인하고 적절히 대응하지 않았다는 취지였다. 이 사건 역시 분만 의료기관을 감소시키는 요인이 되고 있다는 인식이 퍼져 있다.

두 사건의 공통점은 불행한 결과가 나타난 원인이 무엇인지에 다툼이 존재한다는 것이다. 이대목동병원 사건이 대법원 무죄판결로 귀결된 것은 검찰 공소장에 명시된 책임 소재가 유일한 가능성이 아니며 다른 가능성도 높기 때문에 의료진 책임이라 단정하기 어렵다는 취지였다.

평택 산부인과에 대해서도 유사하다. 분만 중 아기를 떨어뜨리거나 의료진의 개인적 일로 치료 시기를 놓치는 등 명백한 과실에 대해선 당연히 책임을 져야 하지만, 성실히 진료했는데도 결과가 좋지 않다는 이유로 소송을 당하는 일은 없어야 한다는 공감대가 산부인과 의사들 간에 존재한다.

두 사건에서 정책적으로 중요한 점은 의사 사회의 반응이다. 만약 명확한 과실로 생긴 사건이었다면, 구속 기소나 12억 배상 판결이 다른 의사들에게 주는 공포심이 미미했을 것이다.

그런데 결과는 반대였다. 저 정도의 사건이면, 충분한 주의 의무를 다하더라도 발생할 수 있으며 어떤 의사에게도 벌어질 수 있는 가혹한 상황이라는 인식이 강하다. 사람 생명을 살리는 게 좋아서, 아이가 좋아서 등의 이유로 필수의료를 선택하려는 의사 입장에서 이 정도의 두려움을 대가로 지불해야 한다면, 그 선택을 다시 생각하게 되는 것이 이상하지 않다.

지금처럼 필수의료가 위축된 상황에서는 더욱이 이 문제를 적극적으로 해결할 필요가 크다. 사람의 생사가 갈리는 상황이 발생하곤 하는 필수진료과목을 회피할 정도로 의사들이 공포감을 갖는 상황들을 줄이기 위한 조치가 마련돼야 한다는 것이다.

우리나라는 의료 분쟁이 발생했을 때 소송에 의존하는 비중이 대단히 높다고 알려져 있다. 바꿔 말하자면, 조정과 중재 과정이 활성화되지 않았고 보험에 의한 해결도 적다는 뜻이다.

의료 영역은 어느 쪽 과실인지 끝까지 따져서 책임을 확정해 처벌하거나 배상하게 하는 것이 쉽지 않은 만큼 소송에 의존하는 것은 양쪽 모두에게 극도의 고통을 안겨주는 과정이 장기화된다는 것을 의미한다.

의료 사고가 발생해도 형사적 고소로 바로 직행하지 않고, 중재와 조정을 통한 해결 방안을 먼저 모색하는 관행을 만드는 것이 시급하다는 공감대는 오랫동안 존재했다. 그 구체적 방안에 대한 논의들 역시 지난 십수 년간 이어져 오긴 했지만 진척이 미미했다.

그런데 이번 의정 갈등 상황을 겪으면서 필수진료를 정상화해야 할 필요성이 국민적 관심사가 된 만큼, 역설적으로 이 문제를 해결할 가능성이 과거 어느 때보다 높아진 것으로 보인다.

현실적 방안은 몇 가지 전제를 조건으로 한 형사처벌 제한 특례법(의료 사고 처리 특례법) 제정이다. 책임보험 가입, 피해자의 불벌의사, 조정중재 과정 참여 등을 전제로 필수의료의 공소 제기를 제한하는 것이다. 그 취지는 책임보험 가입을 확대하고 조정중재 기능을 활성화해서 소송까지 안 가더라도 양쪽이 납득할 수 있는 충분한 보상이 선제적으로 이루어지도록 하는 것이다.

그런데 피해자 입장에서 생각해보면, 소송 제기가 어느 정도로 제한되는지가 민감한 이슈가 된다. 이에 대한 제도 개선안을 만드는 역할은 의료개혁특별위원회가 맡고 있는데, 의료계와 환자 양측이 모두 수긍할 만한 해법을 찾는 데 난항을 겪고 있다.

많은 논쟁적 이슈에서 그렇듯 신뢰성 있는 데이터가 확보돼야 의미 있는 소통이 가능한데, 그 점을 만족시키지 못하고 있는 것이다. 2024년 12월 언론 보도에 의하면 통념이나 단편적 주장 대신 '의료사고 사법리스크'가 다른 나라에 비해 얼마나 큰지 정확한 자료를 수집하는 단계부터 시작할 계획이라 한다. 그동안 의료계와 환자 단체 간의 이견이 얼마나 컸고 좁혀지지 않았는지 시사하는 대목이다. 공감대 형성까지 아직 갈 길이 멀지만 뚜벅뚜벅 가야만 할 길이다.

필요한 비용 증가는 받아들이되, 의료 이용은 합리화해야

2024년 한 해 동안 국민들의 걱정을 산 의정 갈등의 상당 부분은 애초 정부가 일의 선후를 제대로 설정하지 않았기 때문이라 생각되지만, 어쨌든 의료개혁은 중요하고 그 추진 과정에서 불가피한 갈등이 초래될 수밖에 없는 과제다. 사실 우리 국민들이 갑자기 받아들이기 어려운 점일 수 있으나 인식 전환이 요구되는 부분이 존재한다.

의료개혁의 본질적인 필요성은 그간의 방식, 즉 저비용으로 사람과 자원을 갈아 넣는 방식이 더 이상 지속가능하지 않다는 점이다. 사실 앞에서 살펴본 전공의들의 장시간 근로와 후진적 수련 환경 역시 병원 경영의 저비용 구조, 나아가 건강보험 저수가 구조와 밀접하게 연관된다.

의사들이 이렇게 과도한 노동에 시달리고 깊이 배워야 할 것을 제대로 배우지 못하는 구조는 곧바로 환자 안전 문제와 직결된다. 사회의 다른 모든 분야와 마찬가지로 의료 이용도 이젠 적정 비용 구조로 전환해야 할 때다. 가격을 낮게만 유지하는 것이 능사가 아니라는 것인데, 문제는 이러한 전환이 건강보험 재정의 지속가능성을 위협할 가능성이다.

더구나 빠른 고령화 속에서 의료수요가 급속히 늘어날 것이고, 의료 이용은 고비용의 상급 의료기관에 집중돼 있다는 문제까지 겹쳐 있다. 결국 의료재정과 의료이용자 만족이라는 두 가지를 접시 돌리기 하듯 함께 고민하며, 두 가지 모두의 지속가능성을 조화시켜야 하는 문제인 것이다.

사실 답은 유일하다. 많은 선진국처럼 필요한 비용 증가는 받아들이되, 의료 이용을 최대한 합리화시켜 절약하는 수밖에는 다른 수가 없다. 건강보험료도 어느 정도 올려야 하고, 그 돈으로 수가도 올리면서 필수의료 투자도 강화해야 한다. 그러나 지금처럼 제한 없이 원하는 대로 의료를 이용하는 방식으로는 도저히 감당이 안 되는 것도 사실이다. 그런 만큼 의료 이용에 적절한 규칙을 만들어 다 같이 준수해야 한다.

이는 여러 관계자들에게 불편함과 어려움을 초래할 것이며, 특히 국민들로서는 지금보다 의료 이용이 훨씬 제약되는 방식이라 거북할 것이다. 예를 들어, 지금까지 서울시민에게는 상대적으로 이용이 쉬웠던 서울의 빅5 대형병원을 고난도 진료 기능에 충실하게끔 바꾸는 것은 진료의뢰서를 엄격히 요구하게 되는 것이다.

한 가지 분명한 것은 이런 의료개혁을 더 이상 미루기 어렵다는 것이다. 정부 역시 이런 문제의식에 기반해 급하게 추진했을 것 같다. 그러나 아무리 과단성 있는 추진이 필요해도, 개혁 취지와 전체 청사진을 성실히 설명해 국민들의 지지기반을 확보하고, 전문가 그룹과의 공감대를 형성하는 과정을 건너뛸 수는 없다.

특히 전문가 그룹은 시스템 전환 과정에서 나타날 수 있는 많은 문제들을 예측할 수 있는 주체이고, 문제 발생 시 해결을 위한 협조의 주체이기 때문에 개혁을 기획하고 잠재적 부작용을 감안해 원안을 수정하는 모든 과정을 함께 해야 한다.

정부는 개발도상국식 고압적 태도를 버리고 선후경중을 따져 일을 처리하는 법, 또한 단기적 정치 이득이 아니라 장기적 국가 미래를 위해 합의를 추구하는 법, 의정은 서로를 존중하는 법, 국민은 함께 만든 규칙을 준수하며 불편함을 참는 법, 전문직은 스스로의 윤리와 결정을 국민과 사회에 설명하는 법을 함께 익히고 가꿔나가야 하는 것이다.

5

국민연금개혁, 공정하면서도 지속가능한 해법은 있는가

COLD

CASE

26년간 폭탄만 돌리다
엉망이 된 국민연금 재정

국민연금은 군사정권 하에서 도입됐다. 1984년 1월 KDI 전문가들이 전두환 대통령에게 도입 필요성을 브리핑했을 때 그의 반응은 "국민연금이라니, 나라 말아먹자는 이야기 아니요!" "국민연금 하다가는 우리도 영국같이 망해요" 였다고 한다. 왜 하필 영국이냐면 당시 영국은 복지병이 큰 화제가 된 반면교사 국가였기 때문이다.

그런데 대통령의 노골적인 반감 앞에서도 이들은 포기하지 않았다. 2년 후 대통령의 유럽 순방길에 수행원으로 동행한 경제기획원 장관과 경제수석은 경제 발전과 사회 발전의 균형을 위해 국민연금이 필수적이라는 사실을 강조했다. 폐쇄적인 비행기 안에서 계속 설득한 것이 주효했던지, 그때를 계기로 전 대통령이 연금 도입에 대한 마음을 굳혔다고 한다.

김상균 교수의 책에 소개된 이 일화를 보면서 나는 그 시절 정책연구자들과 공무원들이 참 대단하다고 생각했다. 사실 당시는 한참 성장하던 경제이고 고령화 정도도 낮았기 때문에 당장 국민연금을 도입하지 않는다고 해도 별 티가 나지 않았을 것이다. 아직 이해관계자의 요구도 없고, 사회적인 수요도 국민 대중이 인지하지 않은 상태였으니 안 해도 욕먹을 일이 없을 텐데도, 이들은 서슬 퍼렸던 군사정권 대통령한테 계속 고개를 들이밀었던 것이다. 정권을 위해서도 아니고 나라의 미래에 꼭 필요하다는 이유만으로 말이다. 지금 같아선 참 기대하기 어려운 패기다.

도입 당시 그들은 향후 10년간의 보험료 인상 스케줄을 확정했다. 1988년부터 최초 5년에는 3%, 다음 5년간은 5%, 1998년부터는 9%로 조정하는 것이었다. 아마 2000년대 이후에는 그때 사정에 맞춰 후배들이 조정하겠지 했을 것이다. 그런데 이들이 미리 정해 놓은 1998년 9% 인상을 마지막으로 이후 26년간 한 번도 보험료 인상이 이루어지지 않았고 그 결과 우리 국민연금 재정은 엉망이 됐다.

정부 내부와 주변의 인적 자원은 그때와 비교도 할 수 없이 확대됐고 고급화됐다. 세계 각국을 돌아다니며 공부하고 경험을 쌓은 엘리트들이 이젠 드물지 않다. 나라도 민주화되어 최고 권력자의 비위를 맞추지 않는다고 어디 끌려갈 염려 같은 건 안 하게 된 지 오래다. 뜻이 안 맞으면 기껏 사표를 내고 집에 돌아가는 정도다.

그런데도 26년간 제도가 망가지는 걸 방치해 온 것을 보면서, 그동안 나라와 개인이 잘살게 되었지만 어느 한켠에선 무언가 큰 것을 잃어버린 것 같아 가슴이 답답하다. 좋은 교육을 받고 정보 접근성도 좋은 국가적 엘리트들이 크게 늘었지만 그 마음자세가 예전과는 판이하다. 국가 미래를 어깨에 짊어졌다는 책임의식, 헌신, 용기 같은 것이 변함없었다면, 국민연금 제도가 지금처럼 위험해지지는 않았을 것이다.

공허한 대립선을 벗어나 진짜 문제와 대면해야

2024년 8월 정책 두뇌집단들이 만든 연합에서 국민연금 관련

토론회를 국회에서 여는데 좌장을 맡아달라는 부탁을 해왔다. 22대 국회가 막 시작했으니 국민연금개혁에 동력을 새로 불어넣는 역할을 하겠다는 학자들을 응원하는 마음으로 흔쾌히 승낙했다.

국회의원들이 여럿 와서 사진 찍고 떠나는, 국회에서 열린 여느 행사와 다를 바 없는 틀에 박힌 모습이 이어졌다. 발표하시는 분들의 주장도 내게 익숙한 내용이었기에 그 주장들이 어떻게 다르고 어떤 의미가 있는지를 일반 참석자들에게 잘 전달하는 것을 목표로 차분히 진행했다.

그런데 중간에 돌발 상황이 벌어졌다. 국민연금에 국가 재정을 보태자는 주장에 대해 토론자로 오신 전문가 한 분이 "지금 노인 빈곤이 얼마나 심각한데, 미래 세대를 위해 나랏돈을 써야 하냐"라고 포문을 열었다. 재정의 우선순위에 관해 충분히 제기할 수 있는 주장이었음에도 표현에 묻은 감정적인 느낌만 전달됐다. '우리 살기도 힘든데 무슨 청년세대 걱정을 하냐'라는 식의 어투가 정제되지 않고 날 것으로 노출된 것이다.

나른하던 분위기가 갑자기 바짝 곤두섰다. 공기 속 에너지 수준이 급증하는 것이 느껴졌다. 좌장으로서 '어, 이거 수습이 필요해질 것 같은데?' 싶었다. 아니나 다를까 바로 다음 순서로 나온 젊은 토론자가 "그럼 왜 우리는 노인세대를 부양해야 하냐"라고 되받아쳤다. 관중석의 젊은이는 "우리가 나중에 받을 수 있을지 도저히 못 믿겠으니 국민연금을 폭파시켜 버리고 각자 알아서 살자"라고도 했다.

속으로 진땀이 났다. 그냥 일반 청중으로 와 있었다면 뻔하고 지루한 토론회보다 훨씬 재미났겠지만, 부딪치는 얘기들을 정리해야 하는 입장이다 보니 표정 관리부터 애써야 했다. 충분히 예상한 상황인 것처럼 편안하고 차분하게.

편안하기는 개뿔. 집에 돌아오는 길이 참담했다. 각자의 고단함을 안고 있는 기성세대와 청년세대가 서로의 처지를 배려하지 못할 정도로 감정의 골이 깊어진 것은 정치의 무능 말고는 다른 이유를 찾을 수 없으니 말이다. 무엇이 문제였을까 곰곰이 생각해보니 시야의 문제였다. 시야가 논쟁의 상대방에 갇혀 있었던 것이다.

지금 국민연금이 어려워진 것은 오랫동안 보험료를 인상하지 못해 낸 돈보다 너무 많이 받는 구조 때문이다. 정상적인 모습은 낸 돈에 약간 더 얹어 받는 정도인데, 우리는 현재 낸 돈의 평균 두 배 정도를 받는다. 그런데도 보험료를 올려 연금제도를 살리자는 주장과 받는 돈을 오히려 더 늘려야 노인 빈곤을 완화할 수 있다는 주장이 대립하고 있는 것이 현재 상황이다. 이 대립은 이제 거의 쳇바퀴 속 감정싸움이 돼버렸다.

지금 세대와 미래 세대 모두 연금제도의 혜택을 누리기 위해서는 이런 구조를 탈피해, 국민을 향해, 언론을 향해 훨씬 더 공들여 설명해야 할 때다. 다음 세대가 제도에 환멸을 느끼고 이탈하겠다고 결심하면, 지금 세대 역시 안정적인 연금 혜택으로부터 멀어지니 어차피 '먹튀'는 불가능하다. 윈윈의 구조가 충분히 가능하다는 것을 설득해내야 한다.

공적연금제도의 역할 변천, 그 뿌리를 찾아서

제도개혁을 위해서는 먼저 공적연금의 역할이 뭔지에 대한 공감대를 형성하는 것이 필요하다. 사실 이점에 관해선 그간 각국의 시행착오 경험을 관찰하며 쌓인 학계와 정책써클의 입장이 국제기구를 중심으로 잘 정리되어 있다. 그런데 우리나라는 이 영역 역시 묘하게 정치진영을 따라 대립구조가 지속되는 바람에 아직 공감대 형성이 미미하다.

이런 공허한 대립선이 지속되는 것은 상당 부분 연금에 대해 갖고 있는 관념이 사람마다 다르기 때문이다. 연금제도는 역사적으로 변화해왔는데 각자 다른 시기의 모습에 주목하는 것이다. 그런 만큼, 역사적인 변천 과정을 개괄하는 것이 논의의 진전에 도움이 될 것이다.

우선 의료나 빈곤, 돌봄 등 다양한 복지제도 중 가장 핵심이 연금이라는 데는 많은 이들이 공감하고 있다. 한 나라의 복지제도가 체계적인지 판단하는 일차적 기준이 공적연금의 존재 여부일 정도다. 연금은 대다수 국민에게 중대한 영향을 미치는 거대한 제도일 뿐 아니라, 정부가 큰 결심을 해야 마련할 수 있고 상당한 역량이 뒷받침되어야 계속 운영할 수 있기 때문이다.

제도 하나가 왜 이리 중요한지는 연금제도 이전의 상태를 생각해보면 알 수 있다. 원래 농경사회에서는 나이 들어도 자녀 부부가 들에 나가 일할 때 손자들을 돌봐주고, 농업에 대한 오랜 지혜를 나눠주는 등 노인의 역할이 컸다. 역할이 있으니 소외될 일도 없었던 것이다.

그런데 산업화를 하면서 근본적인 변화가 일어났다. 병들어 죽거나 장애가 발생할 때까지 일하는 게 초기 근로자들의 삶이었다. 급여를 타와야 생계가 굴러가니 병들어도 일은 해야 했는데, 죽을 때까지 일해야 하는 근로자의 삶도 비참하지만, 병들어 일을 못 나가는 삶도 마찬가지로 비참했다.

우리가 무심코 말하는 산업화란 결국 농촌기반 사회가 공장기반 사회로 전환되는 것을 뜻한다. 가족과 지역 공동체라는 안전망 속에 있던 대다수가 보다 생산성이 높은 공장 일자리를 찾아 도시 슬럼 속에 고립된 개인으로 진입하는 것이다.

그러니 근로 능력 상실 이후 극단적 빈곤을 해결할 길은 고령자에게 생계를 지원하는 제도적 장치 말고는 없다. 사실 관료나 군인, 성직자에게는 예전부터 연금과 유사한 장치가 존재했다. 현직에 있을 때 충성을 바치게 하기 위한 제도들이었다. 로마가 망한 이유를 군인연금의 붕괴에서 찾는 주장이 있을 정도다.

공적연금은 이렇게 특수 계급에게만 존재했던 노후소득보장제도를 근로자 계층 전반으로 확대하는 혁신적인 시도였다. 2단계였던 보통사람의 라이프싸이클(근로 시작 이전기와 근로기)을 3단계(근로 시작 이전, 근로기, 은퇴기)로 전환시킨 것인데, 그 결과 평범한 인간의 삶에 '은퇴'라는 개념이 처음 출현한 것이다. 엄청난 발명품 아닌가.

이를 주장한 혁신적 목소리는 프랑스 혁명 직후에 처음 분출됐다. 대표적인 인물이 영국 출신 사상가 토머스 페인인데, 연금에 관한 목소리를 낸 저서 이름도 『인간의 권리』다. 프랑스 혁명으로 인권에 대한 문제의식이 폭발했을 때 가장 먼저 제기된 복지 요구가 '근로 능력을 잃은 노인들의 생계보장'이었다는 점은 어찌 보면 당연하다.

그런데 실제로 이를 제도화한 것은 100년이나 세월이 흐른 후 독일에서였다. 유럽의 정책써클에서 거의 폭탄과 같은 혁신이었다. 이후 120년 동안 독일 공적연금제도가 변해 온 역사를 살펴보면, 공적연금의 현재와 미래 방향을 가늠하는데 큰 도움이 된다.

19세기 후반 독일의 사회보험 체계를 세계 최초로 도입한 비스마르크 재상은 사회주의 이념에 근로자들이 경도되는 것을 막고 기존 체제를 지키는 것을 의도했다고 알려져 있다. 그는 1881년 제국의회에 보낸 메시지에서 '실용적 기독교 정신'을 강조했는데, 이는 사회주의를 선제적으로 억누르기 위한 진보적 개혁을 하면서도 기득권층의 지지를 잃지 않기 위한 것이었다. 기독교적 전통을 앞세워 기존 위계질서를 유지하겠다는 다짐을 보수층에게 한 것이다.

그런데 다른 측면에서 보면 그는 연금제도를 포함한 일련의

사회보험제도를 '나라 만들기state building'의 주요 도구로 활용했다고 할 수 있다. 산업화 흐름 속에서 격동하던 사회를 안정시키고, 갓 태어난 독일제국의 국가 경쟁력을 높여 당시 선진국이었던 영국을 따라잡겠다는 개발주의적 욕망 말이다.

이는 복지제도를 이용해 국가를 하나로 묶어 통합시킬 수 있다는 통찰인데, 현재도 매우 유효하다. 어느 나라 할 것 없이 한 번 공적연금을 만든 후에는 그것을 유지하기 위해 온 힘을 기울이는 건, 그것이 붕괴됐을 때의 사회적 분열과 단절을 감당하기 어렵다고 판단하기 때문이다.

그런데 제도 설계 자체는 도입 당시에 상당히 제한적이었다. 당시 평균 수명이 40대 후반에 불과했는데도 수급 연령은 70세였으니 수령 대상도 매우 한정적이었을 뿐 아니라, 향후 지출할 충분한 자금을 마련해 놓는 완전 적립식이어서 재정도 건전했다. 이 적립금은 1913년 급여 지출의 9배까지 축적했다가 제1차 세계대전 시기 전부 소진해버렸다.

이후 연금의 역사에서 가장 중요한 시기는 제2차 세계대전 이후 약 30년 동안의 자본주의 황금기이다. 이때는 역사상 전무후무할 정도의 시장경제 전성기라 할만한데, 생산성이 비약적으로 증가했고 경기도 좋았다. 그러니 세금이 잘 들어와 재정도 좋았고 인구 구조도 양호했기 때문에 연금재정도 걱정이 없었다.

특기할 점은 이렇게 호시절이었는데도 이전에 고갈된 적립금을 다시 쌓지 않았다는 것이다. 대신 연금액, 즉 은퇴 후 받을 돈의 액수를 호기롭게 늘렸다. 훗날 뒷감당해야 할 것은 외면하고 미리 잔치를 벌인 셈이다. 제도를 도입했을 때 소득대체율(소득 대비 연금액 비율)이 20% 남짓이었는데 1957년에는 70%까지 올랐다.

이러는 과정에서 공적연금만 성실하게 부으면 평안한 노후가 보장된다는 인식이 확산됐다. 별로 많지도 않은 공적연금 보험료만 꼬박꼬박 납부하면 상당히 풍족한 노후가 보장된다니 얼마나 편안한가. 이것은 다른 선진국도 마찬가지였다. 자본주의 전성기는 연금제도의 전성기이기도 했다.

그러나 이는 결국 지속될 수 없는 한시적 백일몽일 뿐이었다. 사실 지금 돌아보면, 이렇게 인구 구조가 좋을 때 급여만 왕창왕창 올릴 것이 아니라 공적연금 보험료도 함께 올려서 예전과 같이 적립금을 다시 쌓았어야 했다.

그랬다면 지금처럼 인구 구조가 악화됐을 때 큰 부담 없이 청년세대에게도 연금을 지출할 수 있었을 텐데 호황에 취해 있던 선진국들도 당시 그럴 생각을 하지 못했다. 굳이 들춰서 걱정하고 싶어하지 않는 정치인들의 안이함도 한몫했다.

대표적으로, 라인강의 기적을 이끈 아데나워 수상 같은 이도 '미래에도 부모들이 아이를 계속 낳을 거니까 걱정 안 해도 돼'라는 입장이었으니 다른 나라들은 오죽 했을까. 연금학자들이 회고하며 가슴을 치는 시기가 바로 이 때이다.

결국 '현타'가 온 것은 경제적 황금기가 종료한 후였다. 1994년 세계은행 보고서 「고령사회 위기를 피하는 법Averting the Old Age Crisis」은 한 시대가 끝났다는 선언과 같은 연구인데, 더 이상 공적연금에다 노후보장의 짐을 전적으로 씌우면 안 된다는 고백이자 정책 가이드였다. 오일쇼크 이후 성장이 꺾이면서 자본주의 황금기가 종료됐고, 선진국의 인구 구조가 고령화되면서 연금제도의 재정적 위기가 각국에서 감지된 것이다.

여기서 제안된 것이 다층형Multi-pillar 노후보장체계다. 사실 그대로 옮기면 다축형多軸形이라 번역하는 게 정확한데, 정부 말고도 다른 제도적 기둥들이 노후소득보장의 역할을 나눠야 한다는 뜻이다. 예전처럼 공적연금이 높은 혜택을 유지하면 제도 유지가 어렵다는 현실을 직시하자는 것이다.

결국 보고서의 핵심은 공적연금의 역할을 필요 최소한으로 줄여서 미래 세대 역시 적어도 그만큼의 보장은 같이 받도록 해야 한다는 것이다. 그렇지 않으면 형평성에 대한 반발로 제도 존속이 불가능하니까 그렇다. 그 대신 공적연금의 역할을 축소해 생긴 노후 보장의 공백은 다른 제도들, 즉, 빈곤 노인 지원제도, 퇴직연금, 개인연금 등이 합쳐진 시스템으로 채워야 한다는 것이다.

왜 꼭 혜택을 축소해야 하는지에 대한 의문이 들 수도 있다. 미래 세대에게도 혜택을 주기 위해 소득대체율도 깎지 않을 수 있을 만큼 보험료를 충분히 올리면 되지 않는가라는 의문이다. 보험료를 아예 왕창 올리자는 것이다. 사실 이런 의문은 요즘 우리나라에서도 현재 진행형이다. 연금이 노후보장 역할을 제대로 하려면 소득대체율을 올려야 한다는 주장이 논쟁의 한쪽 축이니 말이다. 자연스러운 의문이다.

연금 종주국 독일은 이 점에서도 중요한 벤치마크 역할을 한다. 독일은 공적연금 최초 도입 후 100년만인 1989년 처음으로 급여를 축소하는 방향으로 개혁을 시작했다. 연금재정 추계 결과 2035년에 보험료율이 40%를 넘어야 할 것으로 나타나면서 촉발된 위기의식 때문이다.

이 위기의식은 독일의 산업구조와 깊이 관련된다. 사회보험료는 수출품 가격에 반영되는데, 제조업 의존도가 높은 독일경제 구조상 보험료를 높일수록 상품 경쟁력도 떨어져 기업이 망해나갈 것이라는 악몽을 자극했다. 안 그래도 통일 후 경제 악화로 1990년대 독일은 '유럽의 병자'라는 조롱을 해외 언론으로 받을 정도였다.

연금 혜택이 크면서도 제도가 유지되려면 보험료도 높아야하는데, 그것이 국가경제가 감당할 수 없을 정도면 연금액을 감축하는 것 말고는 방법이 없다. 즉, 보험료를 높여 연금재정을 건전하게 유지하는 것도 중요하지만, 연금 액수를 더 키우기 위해 보험료를 너무 올리면 국가경제가 감당 못하게 된다.

결국 독일은 최초의 연금개혁 이후 열 번에 걸친 연금법 개정을 하였다. 보험료율을 인상해야 했지만, 그런 후에는 보험료를 더 이상 높이지 않기 위해 급여를 낮추고 수급 연령을 꾸준히 높여갔다. 경제 사정이 좋았던 시절인 1972년 63세까지 내려갔던 수급 연령이 몇 번에 걸쳐 1964년생부터는 67세로 올랐다. 보험료율에 대해서는 상한을 설정했다가 그 수준에 보험료가 근접하면 다시 조정하는 식이다. 현재는 2030년까지는 22%를 넘지 않도록 상한을 설정해놨다.

이런 제도개혁은 보험료를 얼마 내고 급여를 얼마 받는지와 관련된 내용(모수개혁)인 데 반해 구조를 바꾸는 큰 폭의 개혁도 있었다. 2001년에는 민영연금인 리스터 연금을 도입했다. 사적연금(개인연금)에 국민들이 가입하도록 권장하기 위해 정부가 보험료를 지원하고 세금공제를 하는 방식이다.

이 과정에서 정부가 국민에게 전달한 메시지는 공적연금 축소가 불가피하니 더 이상 정부에만 의존하지 말고 개인연금과 같은 추가적 자구수단을 통해 노후를 스스로 준비해 달라는 것이었다. 단, 저소득층은 정부가 정액으로 보조금을 주고, 자녀가 있으면 추가 보조금을 지급하는 식으로 도움이 필요한 개인을 돕는 장치를 내장했다.

또 하나 중요한 의미를 갖는 조치로 2004년 자동안정화 장치 도입도 들 수 있다. 이는 평균 수명 연장으로 연금수급자 수가 증가할수록, 그리고 출생과 취업이 줄어 보험료 내는 가입자 수가 감소할수록 연금액을 낮추는 장치다. 상황에 따라 연금액이 유동적이게 된 것이다. 연금액을 미래에 얼마 받을 수 있다고 고정되어 있었던 기존 틀을 바꾼 것이다.

이런 개혁 시도는 구체적 내용의 차이만 있을 뿐 대부분 선진국에서 공통적으로 나타나는 흐름이다. 19세기 후반 20세기 초 독일을 모방해 제도를 도입한 후, 자본주의 황금기를 거치면서 뒷날 생각을 않고 혜택을 왕창 확대했다가, 경제가 가라앉고 고령화가 심화된 지금, 제도를 존속시키기 위해 연금개혁을 모색하고 있는 것이다.

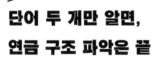

단어 두 개만 알면, 연금 구조 파악은 끝

연금에 대해 많은 주장들이 난무하지만, 그 주장들을 신문기사에서 접한 이들이 스스로 판단을 하기 위해서는 몇 가지 기본 개념을 탄탄하게 이해하는 것이 필요하다.

사실 기본 개념이 많은 것도 아니다. 만약 여러 나라 사람들이 모여 자기 나라의 공적연금을 소개한다면 단어 두 개만으로 웬만큼은 파악된다. 한 나라 연금이 어떤 구조인지를 보여주는 핵심축이 두 개이기 때문에, 그것을 알려주는 단어 두 개로 제도를 요약할 수 있기 때문이다.

첫 번째 축은 연금급여를 받는 방식에 관해서인데, 미리 연금 액수를 정해서 받는 방식인지 아닌지로, '확정급여형DB, Defined Benefit' 또는 '확정기여형DC, Defined Contribution'으로 나뉜다. 연금 받을 나이까지 돈을 얼마 내면 얼마를 받을 수 있는지가 정해져 있으면 확정급여형이고, 미리 정한 액수 없이 그때까지 쌓인 돈이 허락하는 액수를 주는 방식이면 확정기여형이다.

두 번째 축은 연금재정의 충당 방식이다. '부과식' 또는 '적립식'인데, 부과식은 올해 가입자들로부터 걷은 보험료로 올해의 고령자 연금 급여를 지급하는 방식이라 'Pay-As-You-Go', 즉 들어온 대로 나가는 방식이다.

반대로 적립식Funded은 앞으로 돈이 얼마 들어올 거고, 그 돈을 운영해 수익이 얼마 나올 것인데, 그 수입액으로 앞으로 지급해야 할 연금급여를 충당하는 방식이다. 제도를 운영하는 데 필요한 정도의 돈이 보험료 쌓인 것과 자금운용을 통해 조달되는 구조라 길게 봐서 펑크 날 걱정이 없는 방식이다.

그렇다면 우리나라 연금구조를 요약하는 두 단어는 무엇일까? 첫 번째 축에 있어서는 소득대체율이 40%라고 말하듯 급여가 미리 정해져 있으니 '확정급여형'이고, 돈을 쌓아 놓고 국민연금공단 기금운용본부가 자금을 굴려 조달하는 식이니 '적립식'이다.

단, 돈을 부족하게 쌓고 있어 앞으로 충당이 안 될 것이 예상되는 상태라 (적립식이긴 한데 속사정은 그렇지 못한) '부분 적립식'이라 칭한다. 그래서 우리 국민연금을 요약하는 두 단어는 '확정급여형DB'과 '(부분) 적립식Partially Funded'이다.

예를 들어 앞서 살펴본 독일은 '확정급여형DB'과 '부과식Pay-As-You-Go'으로 요약된다. 이 두 단어만 들으면 "그해 들어온 돈으로 그해 지출을 충당하는데 연금액은 정해져 있구나. 고령화 때문에 보험료가 많이 올라 젊은이들이 힘들겠네. 연금개혁으로 급여를 많이 깎고 있으려나?"라는 식으로 기본 구조를 파악할 수 있다.

우리나라 국민연금은
어디서부터 꼬였나?

우리는 1988년 제도를 처음 도입했을 때 한창때의 독일을 본떠 소득대체율을 70%로 설정한 반면, 보험료는 3%로 아주 낮게 설정했다. 이렇듯 일단 혜택은 높게, 보험료는 비현실적으로 낮게 책정한 것은 먹고 살기도 힘든 시절 국민들이 연금이란 강제저축 제도를 받아들일 수 있도록 하는 정책적 유인책이었다.

당시 설계자들은 제도가 안착된 이후 지속적으로 개혁을 해갈 것이기 때문에 큰 문제가 발생하지 않을 것이라 기대했을 것이다. 무엇보다 저출산·고령화가 이렇게 빠른 속도로 진행될 것이라고는 아무도 예상하지 못했다.

사실 우리나라 인구 구조가 좋았던 시절에 국민연금 보험료를 더 냈더라면 지금 별 문제가 없었을 것이다. 초기에는 제도의 유지보수도 별 차질이 없었다. 제도 도입 5년 후 김영삼 정부였던 1993년 보험료율을 6%로, 그 5년 후 김대중 정부에서 9%로 올렸다. 지금 재정위기를 맞은 원인은 그 이후 26년간 보험료율을 올리지 못한 것 때문이다.

노무현 정부 연금개혁 때 급여 깎는 데 그치지 말고 보험료도 13% 정도로 올렸더라면, 박근혜 정부가 공무원연금을 개혁할 때 국민연금개혁도 했더라면, 국민연금 재정위기가 얼마나 심각한지 명확하게 가시화됐던 문재인 정부에서 개혁을 했더라면……, 이런 반성이 지금 모두 뼈아픈 지점이다. 지금 돌아보면 그간의 정부들이 점점 더 안이해져 왔다.

그런데 도대체 개혁을 해서 연금재정 문제가 해결된다는 것은 무슨 뜻일까? 기성세대나 청년세대가 연금 고갈 걱정 없이, '동일한 수준의 급여를 동일한 보험료율로 보장받는 상태'를 의미한다. 예를 들어 이런 노력을 포기하고, 노인 인구 비중이 크게 늘었다가 진정되는 한 번의 인구 사이클 동안 매년마다 그해 보험료로 연금지출을 충당해야 한다면, 보험료는 고령자가 적을 때 낮았다가 고령자가 많으면 크게 올라야 한다.

이렇게 크게 오른 보험료를 뒷세대가 '감당 못 하겠다, 그래서 안 하겠다'라며 거부하는 수준이 되면 제도가 위협받는다. 이런 일은 저출산·고령화가 급격해서 경제활동인구 대비 고령 인구 비중이 아주 클 때 발생한다.

반면, 사이클 내내 보험료를 적절히 높게 설정하면 고령자가 적을 때 돈을 남겨 그 돈을 굴려서 쌓아놓고 고령자가 많을 때 급여로 보태쓸 수 있다. 그해 보험료로 지출을 충당할 수 없을 때 보험료 인상 없이 갖다 쓸 수 있도록 적립금이라는 돈주머니가 마련돼 있기 때문이다.

이게 바로 적립금의 힘이다. 고령자 수가 변해도 모든 세대가 같은 급여를 같은 보험료로 누릴 수 있게 하는 강력 완충제이기도 하고, 자산 운용으로 재원이 불어나니 보험료를 낮춰주는 역할도 한다. 2023년 연금급여로 나간 지출이 39조 원인데, 지금까지 기금을 굴려 얻은 수익을 합치면 682조 원에 달한다.

우리 국민연금은 지금 어떤 상태인가. 보험료는 26년째 9%

인데, 지금 당장은 고령 수급자가 아직 많지 않아 9% 걷은 돈 중 5% 정도만 현재 노인들을 위한 연금액으로 지출하고 있고 나머지를 적립금에 보태 쌓고 있다.

그런데 이는 지금 쌓아 놓아야 하는 돈보다 너무 작은 액수이다. 그렇기 때문에 천조 원에 이르는 기금이 1천 800조 원까지 갔다가 2040년 이후 급격히 소진돼 30년 후 고갈된다는 것이다. 적립금을 덜 쌓았기 때문에 그것이 바닥나는 상황을 맞게 되는 것이다.

재정이 바닥나도 독일처럼 부과식으로 바꾸면 되니 별일 아니라고 말하는 사람들도 있으나 이는 참으로 무책임한 말이다. 서구 선진국 중 적립금을 다 써버리고 부과식으로 전환한 국가들이 있긴 하지만, 적립금을 다 쓰고 다시 쌓지 않은 것은 그들 나라들의 절절한 후회 포인트다. 더구나 우리는 이들보다 고령화 진행 속도가 월등히 빠르기 때문에 보험료 부담이 너무 커진다. 부과식으로 전환되는 순간 보험료는 30% 이상으로 치솟는다.

그렇게 되면, 미래 젊은이들의 입장에서 소득의 30% 이상을 연금보험료로 내야 하는데, 나이 들어 받게 될 연금액은 지금 우리 세대가 9%를 내고 받는 액수의 돈과 같다. 즉, 받을 금액에 비해 너무 높은 보험료를 내야 하는데 그 이유는 앞세대가 연금액에 비해 너무 조금 보험료를 냈기 때문인 것이다.

이런 구조를 알면서도 젊은이들이 "노인분들은 9% 보험료만 평생 낸 분들이고 나는 30% 내야 하지만 기꺼이 봉양하지 뭐"라고 반응할 것이라 기대하기는 매우 어렵다. 그렇게 다수가 제도를 거부할 경우 연금제도는 존재 자체가 위협받게 된다.

그렇다면 연금개혁을 위한 구체적인 경로는 무엇인가? 개혁 방식은 개념적으로 크게 두 가지, 모수개혁과 구조개혁이다. 모수개혁은 보험료를 올리거나 연금액을 깎거나 수급 연령을 지금보다 뒤로 미루는 등 내고 받는 돈의 규모를 조정하는 것이다. 우리나라가 지금까지 고민해 온 방안이기도 하고 대부분 국가들이 이 방식을 흔히 사용한다. 상대적으로 단순하다.

반면 구조개혁은 아예 제도의 틀을 바꾸는 것이다. 모수개혁만으로 대처하지 못할 상황이라 판단할 때 아예 대폭적인 변화를 꾀하는 것인데, 난이도가 높기 때문에 그 내용을 설계할 역량과 정치적 지지가 확보돼 있어야 가능하다.

가장 대담한 방식은 아예 확정급여방식DB을 확정기여방식DC으로 뜯어고치는 것이다. 출산율 변화 등으로 재정 사정은 끊임없이 변동하게 되니, 아예 연금액을 정하지 않고 보험료 낸 돈을 운용해 은퇴 시점까지 쌓은 돈을 지급하는 방식이다.

'얼마 받아가실 겁니다'가 아니라 '얼마가 될지를 모르지만 내신 돈을 잘 굴려서 마련되는 만큼 드리겠습니다'가 되는 건데, 이 변화가 국민들에게 받아들여질 수만 있다면 가장 명쾌한 방식이다. 만약 '그러느니 그냥 내가 민간보험 드는 게 낫다'라는 방향으로 국민들이 반응하면 제도 붕괴를 걱정해야 하는 상황이 된다.

제도들 간의 역할 분담 구조를 바꾸는 개혁도 구조개혁이다. 공무원연금 같은 직역연금과 국민연금을 통합한다든지, 기초연금이나 기초생활보장제도처럼 노인소득을 지원하는 다른 제도들과 합치는 등 제도 간의 역할 분담을 재설계하는 것이다.

그런데 이는 개념적인 구분일 뿐 자동조정장치같이 구조개혁과 모수개혁의 중간지대에 있는 것도 있다. 독일이나 일본도 2000년대 초반에 도입했고 윤석열 정부에서도 도입 계획을 밝힌 바 있다. 이는 급여액을 사정에 따라 자동조정함으로써 확정기여적인 요소를 집어넣되 확정급여의 틀은 대략 유지하는 것이다.

실제로도 대부분 나라들은 모수개혁과 구조개혁의 다양한 수단을 결합해서 활용하고 있다. 할 수 있는 것은 다 해보고 있다고 하면 정확할 것이다. 가까운 일본의 경우도 연금개혁에 대한 평가가 긍정적이다. 1985년부터 2012년 사이 다섯 차례 걸쳐 연금법을 바꿔가면서 공적연금개혁을 했으니 평균 5년에 한 번씩 개혁을 단행하며 동원 가능한 모든 재정 안정화 방안을 시도했다. 급여액도 꾸준히 인하하고 보험료율과 수급 연령도 올렸다.

그중 2004년 개혁은 가장 전격적이었다. 아예 마음을 굳게 먹고 향후 100년간 연금재정을 유지하는 것을 재정 목표로 삼아 설계했다. 당시 13.58%였던 보험료를 매년 0.354%포인트씩 2017년 18.3%까지 올린 후 더 이상 올리지 않겠다는 목표를 세웠다. 조기에 올리면 적립금 규모가 커져 굴릴 돈이 많아지니 추후 인상 압력을 완화할 수 있다는 전략이었다.

특히 2000년대 초반 스웨덴 연금개혁의 창의적인 요소를 가져다 모방해 적용했다. 이것이 일종의 자동안정화장치automatic stabilizer인 거시경제 슬라이드제다. 인구와 노동시장의 변화를 반영해 자동으로 연금액을 조정하는 장치다. 연금 가입자 수가 감소할수록, 그리고 기대여명이 증가할수록 연금액을 낮춰 지출을 억제하는 방식이다.

그런데 이런 대담한 개혁을 했다고 오랫동안 손 놓고 있을 수 있는 것도 아니다. 일본은 이때의 개혁을 '100년 튼튼 연금'이라 부르는데, 100년이 보장됐으니 마음 놓아도 된다가 아니라,

100년 후를 내다보고 끊임없이 균형을 맞춰 가겠다는 뜻이다. 연금개혁이란 원래 그렇게 꾸준히 계속하는 것이다.

앞으로 경제 상황이나 출산율 상황에 따라 개혁이 또 필요할 가능성은 항상 열려 있다. 현재 일본 내에서는 수급 연령을 70세로 미뤄야 한다는 논의도 진행 중이라고 한다. 우리 국민연금법 역시 5년마다 제도를 조정해야 한다고 명시되어 있다. 법을 지키지 않아 왔을 뿐이고 그래서 지금 이 난리가 난 것이다.

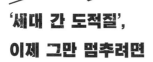

'세대 간 도적질', 이제 그만 멈추려면

'더 내고 덜 받는 것 말고는 길이 없냐'는 질문을 많이 받는다. 간략히 대답하자면 '없다'. 단, 우리는 2007년 개혁으로 연금급여액이 이미 낮춰져 있기 때문에 덜 받는 것을 고민할 여지는 적은 반면 더 내는 게 대안이 될 수밖에 없다.

그도 그럴 것이 연금 위기는 한마디로 받는 돈에 비해 보험료를 너무 조금 냈기 때문에 발생한 것이니, 해결책은 미래 세대에게도 현세대와 같은 혜택이 안정적으로 주어지도록 보험료를 올리는 수밖에는 없다.

그런데도 연금개혁은 소득대체율을 오히려 더 올리자는 주장과 보험료를 올리자는 주장 간의 대립으로 교착 상태다. 소득대체율을 높이면 받는 돈이 많아지니 연금재정은 지금보다 더 나빠질 수밖에 없다. 애초 재정위기를 불러 온 상황을 더 악화시키는 방향으로 거꾸로 가자는 것과 같다.

용돈연금이라 국민연금을 폄훼하면서 소득대체율을 높여야 한다는 주장에 심정적으로는 공감하지만, 솔직히 말해 마음에 차지 않는 액수라도 없는 것보다는 훨씬 낫다는 데 다들 동의할 것이다.

우리나라에서 소득대체율을 높여야 한다는 주장이 지속되는 것은 노인 빈곤이 심각하기 때문이다. 그러나 노인 빈곤 문제를 개선하기 위해 소득대체율을 높여야 한다는 주장은 사실과도 부합하지 않는다. 우리나라 빈곤 노인은 대부분 국민연금을 받아가지 못하는 분들이기 때문이다.

2024년 6월 기준으로 고령자 천만 중 직역연금 수급자를 제외하고도 40%에 가까운 이들이 국민연금을 받지 못하고 있다. 그나마 연금을 받는 이들 중에서도 수급액이 40만 원이 안 되는 수급자가 267만 명으로 전체 수급자(571만 명)의 46.8%에 달했다. 20만 원 미만 수급자도 전체 수급자의 10.3%였다. 그렇기 때문에 국민연금 소득대체율을 높인다 해도 그 혜택은 주로 현재 연금급여가 상당한 규모인 사람들에게 집중된다. 노인 빈곤과 직접적인 연관이 없다는 것이다.

사실 우리나라 공적연금의 소득대체율은 기초연금과 국민연금을 합해 50%에 육박해 OECD 평균에 비해 비슷하거나 높은 수준이다. 노인 빈곤은 제도적으로 설정해 놓은 명목소득대체율이 낮아서가 아니라는 것이다. 문제는 공적연금의 실질소득대체율이 30% 미만으로 다른 선진국에 비해 매우 낮다는 점인데, 이는 국민연금 가입 기간이 너무 짧기 때문이다. 번듯한 일자리에서 일하지 못했거나 그런 일자리에서 근무했던 기간이 짧아 연금 가입 기간이 짧다는 것이다.

그러니 노인 빈곤의 핵심은 불안정한 일자리에서 경제활동을 했기에 가입 이력 자체가 짧거나 아예 없는 연금 사각지대다. 이것이 공적연금 제도화가 30년이 넘었는데도 아직 노인 빈곤이 극심한 원인이다. 그런 만큼 연금에서 받을 돈이 없는 이들이 근본적인 것이고, 따라서 국민연금 소득대체율을 높인다고 해서 노인 빈곤을 해결하는 데 큰 기여를 하기 어렵다.

게다가 이는 세대 간 형평성 문제이기도 하다. 연금재정이 현재와 같이 불안한 상태에서 명목소득대체율을 높여 재정을 더 불안하게 하는 것은 노후 준비가 상대적으로 잘되어 있는 여유 있는 고령자 소득을 더 높이기 위해 고단한 미래 청년들의 소득을 끌어다 쓰는 것과 같다.

이게 무슨 아름다운 사회적 연대인가. 연대란 나보다 처지가 못한 사람에게 손 내밀어 돕고자 하는 것이지, '네가 나보다 처지가 못한 걸 알지만 그래도 넌 나를 도와야 한다'라고 윽박지르고 돈을 뺏는 게 연대는 아니지 않은가. 이런 이유로 예전 전문가들은 우리 국민연금 구조를 '세대 간 도적질'이라는 과격한 용어로 지칭하기까지 했다.

'연금정치'라는 최강 난이도 과제를 풀기 위해서

사회정책적으로 우리나라가 가장 우왕좌왕했던 시기가 언제일까 생각해보면 2000년대 초반이 아니었나 싶다. 잿더미를 딛고 산업화에 성공했다는 긍지가 외환위기로 무너졌던 때가 이때다.

1998년 1월에만 백만 명의 실업자가 길거리로 쏟아져나왔다. 추운 겨울날 공원에서 시간을 죽이는 중년들의 막막함이 연일 뉴스를 탔다. 그동안의 고속성장 속에서 기본적인 사회안전망도 갖추지 못했다는 갑작스러운 깨달음에 사회가 직면해야 했다.

한 시대가 끝났다는 자각도 따랐다. 경제개발이 시작된 이후 처음으로 장기실업과 만성빈곤이 증가했다. '새벽종이 울렸네'의 시대, 모두가 열심히 일하기만 하면 실업과 가난을 걱정하지 않아도 된다는 낙관이 가슴속에 있었던 시대가 끝나가고 있었다.

당연히 정책연구자 간에는 국가의 경제사회 패러다임을 새로 만들어야 된다는 문제의식이 높았다. 양극화라는 용어가 어디에든 출현하기 시작했다. 그즈음 나는 국가재정 운용계획의 주요 복지프로그램을 검토하고 우선순위를 설정하는 일을 맡고 있었다. 복지재정의 큰 그림을 그리는 작업인 셈인데, 가는 걸음마다 벽에 부딪혔다. 복지를 모르고서 복지에 대한 우선순위를 짤 수 없는 노릇이었는데, 복지전문가들과 머리를 맞대고 의논을 하면 딱히 한쪽이 고집을 부리는 것도 아닌데 더 미궁에 빠지는 느낌이 들었다.

지금 생각하면 서로 학계의 언어가 다르고 학제 간 교류가 활발하지 않았던 시절이었기 때문이기도 했지만, 각 영역에서 축적된 학문적 인프라도 미약했기 때문이기도 했다. 한마디로 모두가 얇았다. (왜 했는지도 모르면서) 다른 나라에서 뭘 했는지만 목을 길게 빼고 훔쳐보다 따라하던 시절이었다.

마음속 답답증이 커져만 가던 중에 결국 나는 마흔이 되던 해 안식년을 맞아 안식이 아니라 공부를 하러 가기로 결심했다. 행선지를 미국 버클리대학으로 정했다. 다른 대학들은 실무 위주로 복지를 가르치는 데 반해 버클리 대학은 복지정책의 학문적 뿌리부터 체계적으로 가르치는 곳으로 유명했다.

두 학기를 사회복지학과, 사회학과, 정치학과의 학부 과목, 대학원 과목들을 가리지 않고 미친 듯이 찾아다니며 들었고, 도서관이 문 여는 아침부터 문 닫는 밤까지 붙박이로 앉아 책을 읽었다. 복지 관련 이슈들을 지식의 폭포수를 맞는 것처럼 흥분해서 빨아들였다.

무엇보다 좋았던 점은 한국의 중요 현안이었지만 속시원히 뿌리와 줄기를 파악할 수 없어 답답하기만 했던 주제들을 마음껏 파고들 수 있었다는 것이다. 대표적인 게 바로 연금이다. 그 당시에도 연금은 우리 사회정책에서 가장 큰 걱정거리 중 하나였다.

노무현 정부 동안 제2차 연금개혁을 단행했지만, 반쪽 개혁에 불과했기 때문에 여전히 연금재정 고갈을 걱정하며 다음 연금개혁을 언제 어떤 방식으로 해야 하는지를 생각하면 가슴에 돌덩이를 얹어 놓은 느낌이었다. 그랬기 때문에 그 당시 상태가 역시 좋지 않았던 미국 공적연금을 학계가 어떻게 평가하고 고쳐갈 계획인지가 무척 궁금했다.

그런데 인상적이었던 점은 연금을 강의하던 교수의 냉소였다. 진보적인 학풍의 버클리 대학에 아주 잘 어울리는 날카롭지만 사려 깊은 진보적 학자였는데, 연금에 대해서는 미국 정치의 무능과 태만에 대해 조롱을 아끼지 않았다. 그 이유는 미국 역시 우리처럼 부실한 연금제도를 대책 없이 방치하는 중이었기 때문이다. 대공황기에 도입한 제도를 후하게 운영하다가 재정이 부실해진 것을 1980년대 레이건 대통령 때 훌륭하게 보수했다가 다시 부실에 빠진 상태였다.

그런데도 연금제도를 개혁하겠다고 건드리면 선거에서 자살 전략을 쓰는 것이나 마찬가지라며 정치인 중 아무도 진심으로 정치적 의제로 다루려고 하지 않는다는 것이 그 교수의 냉소가득한 비판이었다. 사실 '연금정치'라는 용어가 따로 있을 정도로 정치는 연금개혁에 막대한 영향을 미친다. 좋지 않게 미치는 경우가 많기 때문에, 이는 그 교수처럼 정치 불신을 강화하기도 한다.

그런데 몇 년 뒤에는 정반대 경험을 했다. 스웨덴 복지부 장관이 서울을 방문했을 때인데, 그는 한국경제를 파악하기 위해 열성적으로 인터뷰를 조직했다. 조선호텔에 작은 회의실을 잡아놓고 아침부터 저녁까지 여러 그룹을 초청해 인터뷰를 연이어서 하였다.

당시는 스웨덴이 연금개혁에 성공한 직후였던지라 국제회의를 하면 항상 스웨덴 학자를 초청해 제도 설계에 대해 듣고 감탄하던 때였다. 단지 개혁을 했다 정도가 아니라 개혁의 내용이 전면적이면서 창의적이었기 때문이다. 새로운 것을 고안해 시도하는 것은 어지간한 자신감과 역량이 없고서는 불가능한 일이다.

우리 세션에서 스웨덴 장관이 한국경제에 대해 질문하는 것에 응대한 후 마지막에 나도 그에게 질문을 던졌다. 연금개혁에 성공한 비결이 뭐냐는 질문이었다. 그는 잠시 생각하더니 1990년대 초 경제위기가 오는 바람에 개혁을 하지 않을 수 없는 상황이었으니 결국 운이 좋았던 것이라며 겸양을 부렸다.

그러나 본론은 곧 이어진 스웨덴 정치 자랑이었다. 연금개혁이 진행되던 몇 년간 여당 야당 할 것 없이 일과가 끝나면 개혁방향과 구체적 방안을 의논하기 위해 거의 매일 모여서 머리를 맞댔다는 것이다. 그는 자기네들은 원래 진영의식이 공인의식을 압도할 정도로 크지 않다며 정치 문화를 강조하더니 여야가 한마음이 아니면 연금개혁은 불가능하다고 총평을 했다.

연금은 워낙 난이도가 높은 개혁이라 국민들한테 "지금 전면적으로 다 바꿔야 됩니다. 바꾸지 않으면 우리 모두 큰일 납니다"라는 메시지를 정치인들이 한목소리로 전달해야 동력이 생기는데, 한쪽 당이 이탈해 반대하면 개혁하겠다는 쪽만 독박을 쓰니 절대 성공할 수 없다는 것이다.

그런데 그가 주로 자랑한 것은 정치 문화였지만, 사실 그런 정치 문화 덕분에 피어난 연금개혁의 내용도 대단한 수준이었다. 명목확정기여방식NDC이라는 어려운 명칭인데, 장부상의 확정기여방식이라는 뜻이다. 가입자가 납부한 보험료를 전체 가입자 평균 임금 상승률로 재평가해 가입자 개인계정에 매년 장부상으로 기입해주는 방식인데, 평균 임금 상승률을 반영하기 때문에 연금액은 기대여명 증가와 노동시장 상황에 따라 자동 조정된다. 인구 구조와 노동시장 상황이 재정에 미치는 영향을 정치적인 마찰 없이도 자동으로 완화시키는 것이다. 2000년대 초에 독일과 일본이 유사한 자동조정장치를 도입한 것은 바로 이점을 모방한 것이었다.

한동안 학술대회마다 불려 온 스웨덴 학자들이 개혁 내용을 설명하는 걸 들으며 스웨덴 사람들이 유난히 머리가 좋은 건지 의아했었지만, 아뿔싸! 머리가 아니라 정치가 협력적이기 때문이었던 거다.

국민의 공론을 파악하는
가장 지혜로운 방법

연금개혁을 위해서는 정치권이 국민 여론을 무조건 따를 것인지, 아니면 이끌며 설득할 것인지도 큰 결심과 용기가 필요한 선택이다. 2018년 보건복지부는 11월에 보험료 인상을 담은 개혁안을 청와대에 제출했지만 '국민 눈높이에 맞지 않는다'는 이유로 공개 반려된 바 있다.

청와대의 반려 이유는 소득대체율은 그대로 둔 채 보험료만 올리는 개혁안은 허용할 수 없다는 뜻이었다. 재정이 붕괴 위기인데 보험료를 올리면 안 된다니 이상한 논리다. 속뜻은 인기 없는 내용이라 추진하지 않겠다는 것이었다.

그래서 보건복지부가 다시 작성해 제출한 정부안은 4가지 시나리오를 담았는데 한마디로 맹탕이었다. 시나리오 네 개 중 어느 것도 상황을 개선시키는 안이 없었기 때문이다. 결국 아무 조치도 이루어지지 않았고 개혁 기회는 날아갔다.

그때는 이미 연금재정이 얼마나 심각한 상황인지 잘 알려졌었기 때문에 개혁을 꼭 단행할 것이라 기대했음에도 불구하고 결국 무산되고 말아 무척 실망했다. 그런데 이 사건은 개혁에 임하는 정치인의 태도가 무엇이어야 하는지에 관한 보다 근본적인 문제를 제기한다.

문 대통령은 '국민 눈높이에 맞지 않는다'라고 했지만, 이런 기준이라면 어떤 개혁도 영원히 불가능하다. 정치는 본질적으로 '민의'를 따르는 것이긴 하지만, 당장 손해가 되는 일을 좋아할 국민은 없다. 그러나 지금 표출되는 국민들의 부담감과 짜증은 연금제도를 붕괴시켜도 된다는 뜻은 아니다. 연금제도를 종국에 붕괴시키게 된다면 사회통합과 노후안정을 바라는 진정한 민의를 오히려 배신하는 결과일 것이다. 당장의 여론을 따르기만 하는 것이라면 그게 포퓰리즘이 아니고 무엇인가?

나는 좋은 정치란 국민을 끊임없이 설득하며 국민의 눈높이를 높이고 함께 시야를 확장해가는 것이라고 생각한다. 장기적으로 국민 다수에게 이로운 일을 하는 것을 목표 삼아야 하니 그렇다. 특히 우리나라처럼 과거의 성장 공식이 유효성을 잃고 전면적인 개혁이 필요한 상황에서는 더욱 미래지향적 변화를 끌어내는 것이 정치인의 시대적 과제이다.

개혁에 대한 진정성이라는 점에서는 윤석열 정부의 방식도 아쉬움을 남긴다. 특히 2024년 3월 총선을 앞두고 주요 사항의 논의를 공론화위원회로 넘긴 점이 그렇다. 총선에 불리한 이슈인 만큼 시간을 끌기 위함이라는 말들이 그 당시 결정권자들로부터 흘러나왔다.

그런데 공론화위원회로 논의를 넘기는 것은 단지 시간을 끄는 정도의 가벼운 일이 아니다. 연금개혁과 같이 기성세대의 이해관계가 직접 얽힌 이슈는 대중들에게 구체적 사항을 결정하게 할 경우 왜곡된 결론에 이른다는 점이 잘 알려져 있기 때문이다. 아직 태어나지 않은 세대는 의견을 표출할 길도 없으니 관련자들의 의견을 잘 수렴할 수 있는 것도 아니다. 당연하게도 공론화위원회의 결론은 '더 내고 대폭 더 받자'로 지금 세대에게 현저히 유리한 내용이었다.

1990년대부터 전격적인 연금개혁을 추진했던 스웨덴도 공론을 묻기는 했지만 우리와 달리 지혜로운 방식이었다. 일단 책임 있는 논의기구에서 개혁의 상위 원칙을 논의한 후, 그 내용을 1992년에 공개적 논의에 부쳤다. 세부 내용이나 결론이 아니라 원칙에 대한 논의를 사회적 공론화에 보낸 것이다.

그런 후 개혁 방향에 관한 포괄적 입법부터 1994년에 단행했고, 구체적 사항은 정당 대표와 전문가 등 책임 있는 소수들이 안을 만들어 순차적으로 입법했다. 무엇에 대해 국민의 생각을 물을 것이고, 무엇을 공적 책임을 맡은 이들이 결정해야 하는지 모범을 보인 것이다. '연금개혁의 방향과 원칙'처럼 개인들의 이해관계와 직접 관련이 없는 부분은 공론에 붙여 의견을 물어도 별 부작용이 없고, 향후 담당자들이 구체적 설계를 함에 있어서 참조할 유용한 정보가 된다. 그러나 소득대체율과 보험료 같은 사항은 정해진 연금개혁에 대한 원칙과 방향에 따라 정책전문가와 정치인들이 책임있게 정해야 한다. 개인의 이해관계와 직접 연결되는 문제를 당사자 중 지금 시점 성인 인구라는 일방에게만 묻는 것도 적절치 않기 때문이다.

정치가 자신의 책임을 회피해서는 안 된다. 공론에 기대고 숨는 게 민주주의가 아니라는 뜻이다. 공론을 물어야 할 사항과 그렇지 않은 사항을 구별하고, 이해가 첨예하게 갈리는 지점에서는 책임 맡은 이들이 그것을 미루지 않고 당당하고 투명하게 결정한 후, 책임을 지는 것이 바람직하다.

2024년 5월 21대 국회 막바지에 국민연금개혁안 처리를 두고 논란이 있었다. 국민의힘과 더불어민주당의 견해 차이가 줄어들어 소폭이나마 개혁이 성사될 것 같았지만 결국 무산됐다.

그 과정에서 나는 민주당 제안에 공개적으로 찬성해 주변으로부터 빈축을 샀다. 연금개혁처럼 국가에 중요한 사안에 대해서는 누가 말했는지보다 말의 내용이 훨씬 중요하다고 생각했기 때문이다.

당시 논점은 이것이었다. 국민의힘의 입장은 보험료를 13%로 올리고 소득대체율을 43%로 올린다는 안, 민주당은 13%로 올리되 소득대체율을 45%로 올린다는 안이었다. 차이라고는 소득대체율 2%밖에 나지 않는 상황이었다.

사실 이 두 가지 안 모두 나는 반대였다. 노무현 정부 때 겨우 소득대체율을 40%로 내렸고 그런데도 지금 위기상황인데, 소득대체율을 거꾸로 다시 올린다는 것은 재정을 더 악화시키자는 것이니 논외로 해야 한다고 나는 생각해왔기 때문이다.

그러나 국민의힘은 타협을 해야 개혁에 대해 합의할 수 있다고 판단해서였는지 스스로 소득대체율을 올리는 제안을 한 상태였다. 그런 상황에서 막판에 민주당이 44%에 이어 43%까지 타협안을 제시한 것이다. 그러나 국민의힘은 구조개혁이 병행돼야 한다는 조건을 새로 달아 합의를 무산시켰다. 그 의도를 좋게 해석해보자면, 아마도 소득대체율을 올려가면서 재정을 찔끔 개선시키는 개혁을 했을 경우, 남은 임기 내 더 나은 내용의 개혁을 할 동력을 잃게 될까 우려했던 것이 아닌가 싶다.

대다수 언론은 조금이라도 상황을 개선시킬 수 있을 뿐 아니라 26년간 넘지 못한 9% 벽을 넘을 입법에 타협하지 않은 것을 강하게 비난했는데, 사실 최종적인 평가는 지금부터 무엇을 할 것인지에 달렸다. 가까운 미래에 더욱 진전된 연금개혁에 성공한다면, 오히려 전화위복이 될 것이고, 아니면 패착이었다고 평가될 것이다.

당시 나는 짧은 시간 동안 구조개혁의 요소를 담은 대폭적인 개혁에 성공할 가능성이 낮다고 판단했기 때문에, 민주당이 타협안을 제시할 때 냉큼 호응해야 한다고 생각했다.

지금의 나는 그때의 내가 틀렸기를 바란다. 1~2년 안에 국민연금을 훌륭히 개혁할 수 있다면 그때 얼른 타협안을 수용하자고 했던 내가 너무 조급했던 것으로 판명되겠지만 그렇게 되기를 간절히 바란다. 개인이나 진영의 득실을 따지는 것도 어지간한 이슈에 대해서지 국민연금개혁의 절박함은 그 정도 무게를 넘은 지 오래다.

공적연금을 세계 최초로 도입한 비스마르크 재상은 '역사 속을 지나가는 신의 옷자락을 잡아채는 것이 정치가의 책무'라고 말했다. 역사를 진전시킬 기회란 조용히 지나가곤 하기 때문에 정치인은 공적인 마음으로 집중하고 헌신해야 그것을 잡아챌 수 있다는 뜻일 것이다.

국민연금개혁의 첫 번째, 두 번째 허들

좀 과한 표현일 수도 있지만, 나는 이제까지 모든 정부가 국민연금개혁에 대해 비겁했다고 생각한다. 개혁의 목표 지점과 구체적 경로를 국민 앞에 제시하고 야당의 협조를 초당적으로 끌어내는 노력 자체를 하지 않았다는 점이 그렇다.

그래서 차제에 이것 하나는 꼭 고쳐야 한다고 본다. 지금까지처럼 보험료를 얼마 올려 고갈 시점을 몇 년 미루겠다는 말은 이제 그만 해야 한다. 고갈 시점을 몇 년 미룰 수 있다고 해봤자 청년들은 '그래도 고갈되는 건 똑같잖아. 내가 연금을 안정적으로 받을 수 있다는 보장은 마찬가지로 없는 거네'라고 생각할 뿐이다.

그렇다면 적절한 방식은 무엇인가? 인구 구조 변동 사이클이 한 번 도는 향후 70년 동안 고갈되지 않도록 하는 필요보험료율이 몇 퍼센트인지 명확히 밝히고, 그 수준으로 어떻게 옮겨갈 것인지 경로를 제시하는 것이다.

예를 들어, 2004년 일본의 개혁을 떠올려보면, 우리와 마찬가지로 적립금이 부족해 연금재정 위기가 예상됐을 때, 그 위기를 맞지 않을 목표를 명확히 제시했다. 그런 후 향후 몇 년에 걸쳐 언제까지 그 목표에 도달하겠다고 분명히 한 것이다.

이래야 국민들에게 목표가 무엇이고 어떻게 그곳에 도달할 것인지를 설득할 수 있다. 고갈을 몇 년 미룬다는 얘기는 이제 그만하자. 연금개혁의 핵심은 고갈을 미루는 게 아니라 고갈이 안 되도록 하는 것이다. 그리고 꼭 한 정부만 그 짐을 다 져야 하는 것이 아니다. 몇 년에 걸쳐 그 지점에 도달할 것인지 경로를 제시하고 그것에 대해 야당과 합의를 하면 된다. 그렇다면 설령 정부가 바뀔지라도 서로 합의한 보험료 인상 스케줄이 관철될 수 있고, 그래야 국민들이 문제 해결에 대한 희망을 갖고 지지할 수 있다.

정부들이 이 간단한 것을 안 하려 피하는 것은 전체 과제 중 이번 정부가 어느 정도를 감당하겠다는 것을 솔직히 내보이고 싶지 않은 비겁함 때문이다. 그 비겁함을 극복하는 것이 첫 번째 장애물이다. 재정 목표와 보험료 조정경로를 명확히 제시하고 야당과 합의하는 것, 그것부터 하자.

그렇다면, 국민연금개혁을 위한 두 번째 허들은 무엇인가? 나는 가장 시급한 과제가 노후소득보장제도 간의 중복과 충돌을 해소하는 제도의 정비라 생각한다. 이런 문제가 발생하는 근본적인 이유는 우리나라의 소득지원제도가 파편적으로 도입돼 켜켜이 쌓여 오면서 제대로 조율이 이루어지지 않았기 때문이다. 이는 동시에 국민연금제도의 효과성을 제약하는 요인이기도 하다. 국민연금 구조개혁 방향으로 오랫동안 논의만 되고 해결되지 않은 주제다.

2007년 급작스럽게 지금의 기초연금제도가 도입됐다. 빈곤 노인 지원 목적이다. 당시 도입 논리는 국민연금 받는 고령자가 얼마 안 되니 극빈층 지원제도인 기초생활보장제도와 국민연금 간의 갭을 메우겠다는 것이었는데, 당시 유시민 보건복지부 장관은 '국민연금개혁이라는 쓴 약을 삼키기 위해 테이블 위에 올려둔 사탕'이라는 표현을 쓴 바 있다.

사탕이라 표현될 정도였으니 깊이 숙고한 결과물이 아니었을 것이라 추측되기도 한다. 그러나 이젠 더 이상 방치하기 어려운 문제가 됐다. 2007년 도입 당시에도 '고령 인구 중 70%'라는 기준은 향후 많은 문제를 야기할 것이라고 나를 비롯한 전문가들의 지적이 많았다.

그때는 고령자 중 빈곤 인구가 다수였지만, 베이비부머들의 은퇴가 진행되기 시작하면 경제력 있는 은퇴자들이 양산될 것이기 때문이다. 그러나 십수 년 이후 나타날 게 뻔한 문제에 대해 정치인이나 공무원, 언론, 그 누구도 관심을 갖지 않았다. 그때 이 문제를 경고하는 보고서를 낸 후 나는 온 사회가 마이동풍이라 느꼈다.

그 염려대로 현재 기초연금은 목적이 뭔지 모호한 공룡이 되었다. 선거 때마다 급여가 10만 원씩 늘어 지출은 급증했지만 효과는 미미하다. 박근혜 대통령 때 월 10만 원에서 20만 원이 됐고 문재인 대통령 때 30만 원으로 인상됐다. 2027년부터는

40만 원으로의 인상될 예정이다. 2024년 기초연금 예산도 25조 원이라는 어마어마한 액수로 잡혀있지만, 2030년에는 40조 원, 2040년에 78조 원, 2065년 217조 원으로 증가할 것이라는 게 국민연금연구원의 추계다.

그런데도 빈곤 감소 효과는 거의 없다. 처지가 어려운 노인을 타게팅해서 제대로 지원하는 게 상식적인데, 고령자의 70%에게 작은 액수를 펼쳐서 주는 방식이라 그렇다. 빈곤하지 않으면서 지원금을 받는 비중이 3분의 1 정도나 된다. 상당한 경제력을 가진 이들도 기초연금을 받을 수 있기 때문이다. 복지부의 매뉴얼에 따르면 맞벌이 부부의 수급 가능 소득은 최대 707만 원이다. 근로소득만 있을 경우라는 단서가 있긴 하지만 연 8천 500만 원 소득 가구에도 현금 지원을 하고 있는 셈이다. 이는 도시근로자 가구 평균 소득을 훨씬 상회하는 수준이다.

고령자 중 70%라는 기준을 맞추기 위해 점점 더 부유한 사람에게까지 기준선이 올라갔을 것이다. 문제가 이렇게 심화되어 왔는데도, 담당 공무원들은 제도를 고쳐야 한다는 제안을 하지 않은 채 이렇게 굴러왔으니 우리나라가 얼마나 무사안일주의에 잠겨 왔는지 알 수 있다.

얼마 전「청년엔 미안하지만…노인기준 올리면 '생명줄 연금'

어쩌나」라는 기사 제목을 봤다. 넉넉지 않은 노인분들에게 기초연금이 얼마나 중요한 소득원인지를 말하며 '나라에 짐이 돼 부끄럽다'라는 노인들의 인터뷰 내용을 실었다. 그러나 이 분들의 우려와는 달리 어려운 분들에게도 기초연금을 줄이자는 주장을 하는 이는 아무도 없다. 오히려 반대다. 기초연금 혜택이 절실한 분들에게 더 도움이 되도록 제도를 개선하자는 것이다.

게다가 이는 국민연금의 입장에서도 큰 문제다. 기능적 중복이다. 국민연금의 급여는 소득재분배분(균등분)과 소득비례분으로 구성된다. 소득비례연금인 독일 제도를 일본이 수입하는 과정에서 재분배 기능을 강조하는 형태로 변형했는데 그것을 따왔기 때문이다.

어느 만큼이 재분배 기여분이고 어느 만큼이 소득비례 저축인지 돈 내는 사람은 알 수가 없다. 이런 국민연금의 불투명성도 문제지만, 기능적 중복 문제는 기초연금 역시 소득재분배 역할을 담당하는 제도라는 점에서 심각하다. 재분배 기능이 기초연금과 국민연금에 중첩돼 있고, 노후보장의 척추 역할은 국민연금인데 수급자 수는 기초연금이 오히려 더 많은 이상한 상황이다.

그동안 경쟁적으로 도입된 노인소득지원제도들의 기능이 상위 수준에서 제대로 조율되지 않아 현재와 같은 혼란이 발생한 것이다. 기초연금과 국민연금의 기능을 정비해 국민연금의 재분배 기능을 기초연금으로 통합하면서 어려운 노인들에게 보다 큰 혜택이 가도록 하고 국민연금은 소득비례부분(저축기능)만 남겨 단순화·투명화시키자는 논의가 오래 진행되어 왔다. 제도 간의 기능을 정비하는 것은 더 미뤄서는 안 되는 과제다.

기금운용위원회는 전문가로, 운용본부는 서울로

청년들과 국민연금개혁에 대해 솔직하게 각자 생각을 털어놨는데, 한 청년이 정부가 연금 수익률을 올려서 재정을 개선시키겠다고 밝힌 내용을 비판했다. "제 생각에 적립금의 운용수익률을 올려서 연금고갈 시점을 미루겠다는 얘기는 우리가 포르투갈, 브라질, 아르헨티나 이겨서 월드컵 우승할 계획이라는 말과 비슷하게 들려요, 아닌가요?"

　아, 더 정확한 표현을 찾기 어려울 정도로 명쾌한 비유라 감탄할 수밖에 없었다. 운용수익률을 맘대로 선택할 수는 없는 노릇이다. 재정추계 작업을 할 때도 운용수익률은 선택할 수 있는 변수가 아니라 기존 데이터 등에서 뽑아내 상수로 전제하는 변수다.

수익률을 1%만 올려도 연금고갈 시점이 4~5년 미뤄질 정도로 운용수익이 중요하다는 것은 잘 알려져 있다. 그러나 맘대로 올릴 수 있다면 이제까지 왜 안 했겠는가. 수익률을 더 높일 방안이 있다면 모르되 그렇지 않다면 하나 마나 한 얘기일 뿐이다.

그런데 만약 지금보다 운용역량 자체를 높일 수 있는 방법이 존재하는데도 시도조차 하지 않는다면 수익률을 제고하겠다는 정부 의지와 개혁 진정성 모두 더욱 의심받을 수밖에 없다.

함께 얘기를 나누던 청년 중 한 명은 자신은 "국민연금을 폭파하고 이제까지 낸 돈을 돌려받았으면 좋겠다"라고 말하면서 "국가를 믿을 수 없다"고 반발했는데, 그 이유는 기금운용본부를 둘러싼 정치권 행태에 대한 불신이었다. 언론 보도를 보면 기금운용본부를 전주에 이전시켜 놓은 후 인력 충원부터 어렵다고 하는데, 정말 국민들의 노후자산을 최대한 잘 운용하기 위해 최선을 다한다는 믿음이 들지 않는다고 했다. 우리나라의 가장 능력 있는 자산운용 인력을 활용할 노력도 안 하는데, 왜 우리가 국가를 믿고 돈을 내야 하냐고 반문하는 거였다.

사실 이런 항의에 기성세대로서 입이 열 개라도 할 말이 없다. 노무현 정부에서 지방균형발전을 위한 혁신도시라며 공공기관을 전국에 흩어 놓은 것 자체에 대한 평가는 여기서 하지 않겠다. 다만, 국민연금처럼 국가가 사활을 걸고 개혁을 추진하겠다고 할 때는 뭔가 절박함이 보여야 하는 게 아닌가 싶다.

국민연금공단은 전주로 옮겼는데, 이를 주도한 전주 지역구 국회의원을 비롯해 정치권의 의도는 나름 있었을 것이다. 문제는 그 부작용이 현저히 나타난 사례가 바로 국민연금 기금운용본부라는 점이다.

연금공단 직원 7천 500여 명 중 기금운용본부는 극히 일부인 400명 정도에 불과하다. 기금운용본부의 고용효과가 크지 않으니 전주로 함께 옮기지 않는다고 해서 큰 차이가 있을 것도 아닌 반면, 서울의 금융집적기능에서 떨어져나가는 것으로 인한 피해는 상당할 것으로 우려됐다. 자금운용만큼 금융시장의 최신 정보를 신속하게 수집해 기민하게 활용해야 하는 업종은 드물다. 인적 네트워크와 집적이 자금운용만큼 중요한 영역도 드물 것이다.

운용 인력 입장에서는 민간 부문에서 일할 때보다 연봉이 적다는 단점을 무릅쓰고서라도 국민연금의 큰 자산을 굴리는 경험을 하고 싶어 하는 두 가지 마음의 균형추를 찾는 것이다. 그런데 운용 인력 입장에서 지방도시로 옮겨가야 하는 단점이 워낙 크니 운용역량 저하를 걱정하는 목소리가 높았다. 그러나 대선 국면의 호남 선거전략으로 활용됐을 뿐이다.

2024년 6월 기준 기금운용본부 기금운용역은 정원 대비 53명이나 부족한 362명이다. 전주 이전 시 다수가 사직서를 냈고 이후 결원이 채워진 적은 한 번도 없다. 우수한 사람을 골라 뽑는 것이 아니라 자리 채우기도 어려운 것이다.

국민연금기금은 현재 1천 200조 원대로 '세계 자본시장의 큰손'이다. 우리 국민연금공단 이사장이 해외에 나가면 어딜 가나 최고의 칙사 대접을 받을 정도다. 그런데 뉴욕, 런던, 샌프란시스코, 싱가포르에 설치해 놓은 사무소가 서울에는 없다. 투자역량과 직원복지를 위해 해외 근무기회를 부지런히 만들지만 정작 서울에는 사무소를 허용하지 않는 것이다.

이게 뭔가 싶다. 청년들이 지금 결정권자들의 개혁 의지가 진심인지를 묻고 있는데 못 들은 척할 일이 아니다. 전 국민의 노후자금 관리가 지역 환심을 얻기 위해 희생시킬 정도로 가벼운 사안이라는 것 아닌가. 이건 아니지 싶은 건 고쳐야 한다. 국민연금 기금운용본부는 이제 서울로 되돌리자.

국민연금 기금운용의 최고의사결정구조도 잘 알려져 있지 않을 뿐 전문가들 눈에는 어처구니없는 상황인데, 오랫동안 지적만 되어왔을 뿐 기득권 수호 의지에 비해 대중적 관심이 쏠리지 않아 시정되지 않았다.

국민연금 기금운용위원회의 문제인데, 기금운용본부가 실무본부라면 이는 최고의사결정을 하는 이사회 역할이다. 이 기금운용위원회 위원 명단을 보면 가슴이 답답해질 수밖에 없다. 보건복지부 장관이 위원장이고, 고용노동부, 농림축산부 등 5개 부처의 차관이 당연직 위원, 그 외에는 전국공공노조 위원장, 경영자총협회 전무, 한국노총 부위원장, 중소기업중앙회 스마트 일자리본부장 등이다.

훌륭한 분들이겠지만 내 돈을 운용해달라고 맡기고 싶은 분들은 결코 아니다. 보건복지부 장관이 투자 전문성이 있을 거라 기대하기는 어려우며 노사대표들도 마찬가지다. 최고의사결정기구를 이렇게 구성해 놓고 전 국민의 노후자산을 최선을 다해 운용하고 있다고 하면 누가 신뢰할 수 있을까.

기금운용위원회를 전문가 위주로 바꾸자는 주장은 오래전부터 있었지만, 아랫사람들이 잘 보좌할 수 있다는 어이없는 반론과 함께 번번이 묵살됐다. 제대로 된 이사회가 아니라 고무도 장만 찍는다는 말과 이게 무엇이 다른가.

이것이 얼마나 낙후된 행태인지는 진정성 있게 잘 설계한 나라와 비교해 보면 금방 드러난다. 기금운용에 관해 가장 모범적인 국가로는 공히 캐나다를 꼽는다. 캐나다의 공적연금을 운용하는 CPPIB는 지난 10년간 연평균 수익률이 10%로 국민연금(4.7%)의 두 배가 넘을 뿐 아니라 선진국 주요 투자기관 전체 중에서도 1등이다.

그런데 CPPIB에서 가장 극찬을 받는 것이 바로 기금운용지배구조다. 국민의 돈을 맡아 노후를 책임진다는 중요한 역할을 해야 하니 모든 정치적 압력에서 자유롭게 최선을 다하게 한다는 것이다. 이사회는 1급 투자 전문가들로 이뤄져 있고 극도로 투명하게 운영된다. 공적연금 자체는 공공기관으로서 정부의 감독을 받지만, 기금운용은 이사회가 독립적으로 의사결정을 하는 체제다. 우리로 따지면 국민연금공단은 공공기관으로 정부 감독을 받지만, 기금운용위원회의 결정은 철저하게 전문적이고 자율적이라는 뜻이다.

캐나다는 1990년대 연금 위기를 극복하기 위한 개혁을 추진하면서 'CPPIB 법률'을 1997년에 제정했는데, CPPIB가 정부는 물론 CPP(우리로 치면 국민연금공단)로부터도 독립된 지위를 보장받도록 했다. 이 법을 개정하기 위해서는 연방정부뿐 아니라 개별 주 중에서도 3분의 2 이상 동의를 받아야 하는데 이는 헌법 개정과 맞먹는 수준이라 한다. 기금운용에 정치적인 목적으로 영향력을 행사하는 것을 불가능할 정도로 봉쇄해 놓은 것이다.

이렇게 투자 전문성을 보장하는 것은 요즘 같은 시대에 대단히 중요한데, 글로벌 경제의 성장이 잦아들어 전통적인 주식이나 채권으로 얻을 수 있는 수익이 점점 작아지는 추세이기 때문이다. 그 대안으로 주목되는 대체투자(주식·채권 외의 투자)는 고도의 전문성이 요구되는데, 이는 수익이 높은 만큼 위험도 커서 투자 인력의 전문성과 자신감이 무엇보다 중요한 투자 자산이다. 캐나다 CPPIB는 이 대체투자 비율이 우리나라 국민연금공단의 4배에 달한다. 지배구조의 독립성이 뒷받침되지 않고서는 모방하기 어려운 투자 행태다.

적어도 상식적으로 봤을 때 납득이 되는 수준으로 구조를 갖춰야 하는 게 아닌가 싶다. 청년들의 눈에 '정치가 이것도 안 하면서 국민들한테는 희생을 강요한다'라고 비친다면 해보나 마나 그 개혁이 어떻게 성공하겠는가. 낙관적 태도도 희망을 갖는 것도 사실 어느 정도는 결단이다. 국민들로 하여금 그 결단을 내리게 하고 개혁에 쓸 에너지를 모으려면 개혁 주체에 대한 신뢰가 기본이다.

'이렇게 하면 되는구나' 하는 희망이 쌓여 가면

일전에 젊은 정치인들 모임에서 국민연금에 대해 강연을 하는데, 심지어 이들 중에서도 나라가 연금보험료를 뜯어간다고 느끼는 정서가 강해서 내심 놀랐다. 전문직을 가진 청년 정치인들이었는데도 말이다. 한 정치인의 질문은 이랬다.

"성장률이 높았던 시절을 보낸 기성세대는 자산가격이 올라가는 추세 속에서 계층 사다리를 올라갈 수 있었지만 우리 세대는 자산 사다리도 기대할 수 없습니다. 믿을 거라고는 주식이나 코인처럼 투자로 성공한다는 기대밖에 없습니다. 국민연금에 돈을 내면 우리 세대도 혜택을 받을 거라는 희망이 없습니다. 경제와 미래 전반에 희망이 느껴지질 않고 국민연금개혁도 믿어지지 않습니다."

공감은 하지만 동의는 할 수 없는 의견이었다. 나는 다음과 같이 대답했다.

"후진국에서 태어나 자란 산업화세대와 선진국에서 태어난 엠지MZ세대 간에 마음의 거리가 먼 것은 피할 수 없는 일입니다. 나라가 너무 빨리 발전해 삶의 경험들이 너무 다른 데다가, 고령화가 너무 빨라서 젊은이들이 자기 어깨에 짊어졌다고 느끼는 짐이 너무 무거우니까요.

그럴수록 정치가 잘했어야 한다고 반성합니다. 그런데 국민연금은 지난 26년 동안 보험료를 한 번도 못 올렸습니다. 그러면서 젊은이들 어깨 위에 놓인 짐을 더 가중시킨 거지요. 그런데 제가 드리고 싶은 말씀은 따로 있습니다. 여러분은 정치를 하겠다는 분들입니다. 믿을 게 코인밖에 없다는 젊은이들의 비관을 체념하듯 주어진 조건으로 받아들이는 게 과연 정치인의 자세일까요?

사회 전반에 냉소가 깔려 있고 비관할 만한 상황이라는 것도 압니다. 그러나 그 비관을 어떻게 바꿀 것인지가 정치가 할 일입니다. 산업화, 민주화 이후에 우리는 어느새 아무것도 결정하지도 해결하지도 못하는 나라가 됐습니다. 이대로 가면 망하는 거 맞습니다. 이미 망하는 길로 들어섰다고 얘기하는 사람도 많습니다.

그러나 적어도 정치인의 길을 가겠다는 분들은 급경사의 내리막길을 어떻게 위로 들어올릴 것인가를 고민해야 한다고 생각합니다. 그 답이 무엇이냐? 이미 다 나와 있습니다. 여러분이 대선 때 외친 내용입니다. 구조개혁해서 경제 체질을 되살리고 사회통합으로 공동체에 대한 믿음을 회복하고 연금개혁해서 노후 걱정하지 않고 맘껏 뛰게 하는 겁니다.

나라가 쇠락하지 않게 하겠다고, AI 시대에 우리가 또 한 번 도약할 수 있도록 하겠다고 대선 때 총선 때 국민들에게 약속을 많이 하고 다니셨잖아요. 그 약속을 지키시면 됩니다.

특히 보수당은 번영의 담론을 제공하고 그것에 대한 희망을 보이는 것이 무엇보다 중요합니다. 그 시작이 바로 이런 개혁입니다. 뭔가 하나는 진전했구나, 이렇게 하면 되는구나, 하는 희망을 보이는 것입니다."

6

마음의 역동성을 되찾기 위해

COLD
CASE

바닥까지 가라앉은 건
우리 마음의 힘

얼마 전 인터넷에서 본 사진 한 장에서 눈을 뗄 수가 없었다. 1978년 국제기능올림픽에서 메달을 딴 선수들의 카퍼레이드 장면이었다. 앞 유리창에 선반, 용접, 설계 등 대회 종목이 적힌 무개차 위에서 젊은이들이 눈송이처럼 날리며 떨어지는 색종이 조각을 맞으며 어색하게 웃고 있었다.

눈길을 잡은 것은 사진에서 느껴진 활기와 희망이었다. 길가에 늘어선 시민들이 환영해주는 가운데 대로를 줄지어 달리는 선수들은 마치 인생에서 어디든 도달할 수 있다는 자신감에 올라타 있는 듯했다. 자신들이 한강의 기적을 만들고 있는지도 모르면서 각자 앞에 놓인 사다리를 힘차게 올라가고 있었던 기능공 젊은이들의 마음속 열망 한자락을 엿본 듯했다. 아마 그때가 우리 역사에서 가장 역동적인 시간이었을 것이다.

한국이 다시 한번 도약하기 위해서는 혁신을 지향하고 수용하는 기풍이 살아나야 하는데, 이것의 원동력은 바로 사회적 이동성이다. 현재 위치에서 얼마든지 올라갈 수 있다고 느끼는 사회, 어떤 부모에게서 태어났는지가 인생에서 별 영향을 미치지 않는 사회가 사회적 이동성이 높은 사회인데, 이게 바로 뭔가 새로운 걸 시도해 볼 마음의 역동성을 일으키는 원천이다.

사람들 마음에 역동성이 없는데 경제가 역동적이길 바랄 수는 없다. 한국경제가 '야성'을 잃었다면 그 근본적인 이유는 십중팔구 사람들 마음이 가라앉았기 때문이다. 무언가를 계획하고 시도해도 지금보다 더 위로 상승할 희망이 없다면 마음속에서 열정이 샘솟기는 어렵다.

그래서 담대한 혁신이 일어나는 사회가 되기 위해서는 법규와 제도를 혁신 수용적으로 개선하는 것만큼이나 계층이동 사다리를 튼튼히 수선해 무언가 시도하고 싶어하는 마음을 일으키는 것이 중요하다.

'개천에서 용 난다'라는 말이 예전에는 많이 들렸다. 이 말의 본래 의미는 상대적으로 변변치 않은 환경에서 자란 사람도 본인의 노력으로 탁월한 성취를 이룰 수 있을 정도로 포용적인 사회경제구조를 뜻한다.

반대로 '개천에서 용이 더 이상 안 난다'라는 말은 경제구조가 경직돼 처지가 안 좋은 이들을 배제하기 때문에 한 번 가난하면 계속 가난할 수밖에 없고 본인의 노력이나 능력에 따라 계층 사다리를 오를 여지가 줄어든다는 뜻이다.

그런데 요즘 이런 측면에서 계층이동이 활발하다고 느끼는 사람은 거의 없다. 2024년 8월에 발표된 서울대 유명순 교수팀의 조사에 따르면 응답자의 49.2%가 장기적인 울분 상태에 놓여있는 것으로 분석됐다. 30대 젊은층에서 비중이 가장 높았다. 사회적 이동성에 대한 젊은이들의 믿음이 붕괴됐다는 진단과 무관하지 않을 것이다.

사회정책에서 중시하는 대표적인 계층이동 지표는 중산층으로 진입하는 움직임이 얼마나 활발한가이다. 넉넉하지 않은 부모에게서 태어나도 가난에 머물지 않고 중산층에 진입할 수 있다면 그 사회는 활력있는 사회라 인정할 만하다.

원래 중산층은 그 사회의 진행 방향을 결정하는 집단이다. 중산층이 탄탄하면, 사회가 발전하는 데 적합한 제도와 정책이 중산층 지지를 얻어 경제 성장이 용이하기 때문이다. 기본적인 안정성이 보장돼야 새로운 시도도 겁없이 할 수 있으니 중산층이 단단한 사회는 혁신의 기본 토양을 갖췄다고 볼 수 있다.

그런데 통계청 조사에 따르면 이상하게도 우리나라는 실제 중산층에 속하는 사람 중 절반에 가까운 사람들이 자신을 '하위층'이라고 생각한다. 주관적인 계층의식이 객관적 위치보다 아래쪽에 위치하는 것이다. 1989년에는 정반대였다. 그때는 한국갤럽의 '당신은 중산층인가?'라는 문항에 '그렇다'라고 응답한 비중이 실제 비중보다 훨씬 높은 75%였다.

이는 지금보다 미래가 나아질 것이라 생각하는 시기에는 현재 위치에 대해서도 관대한 반면, 반대의 경우에는 자의식도 위축된다는 것을 의미한다. 근래 한국인들의 위축된 자의식은 경제적 격차가 확대되고 있고 나 자신이 계층 상승할 가능성이 줄어들고 있다는 암울한 인식이 퍼지는 것과 관련 깊다. 이 암울함을 걷어내지 않고는 '한 번 해 보자'라는 분위기가 확산된 혁신 지향적 경제를 기대하기는 어렵다.

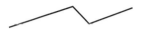

노벨경제학상 수상자들이 극찬한
한국의 포용경제

2024년 노벨경제학상은 포용적 제도가 경제적 번영에 가지는 중요성을 연구한 아제모을루, 존슨, 로빈슨 세 명의 연구자에게 돌아갔다. 포용적 제도란 모든 시민에게 경제적 기회와 정치적 권리가 열려 있는 제도다. 반면, 배제적 제도는 권력자나 소수 엘리트가 자원을 독점하고 다수를 배제하는 체제다.

몇 년 전 수상자 중 한 명인 제임스 A. 로빈슨의 강연 영상을 본 적이 있는데, 그는 한반도를 야간에 찍은 위성사진에 대한 설명으로 강연을 시작했다. 사진 속 남한은 조도가 아주 높은 불빛이 넓고 촘촘하게 분포한 망인데 반해 북한은 평양에 불빛 하나 콕 찍혀 있을 뿐 전체가 어둠에 잠긴 시꺼먼 덩어리다. 흔히 야간 위성사진의 불빛 정도는 경제가 얼마나 발전했고 활발한지를 직관적으로 보여주는 지표다.

이들의 주장은 이렇다. 경제 성장 요인을 설명하는 기존 이론들은 살기 좋은 기후나 지리적 위치, 문화적 요인을 중요시했지만, 자신들이 볼 때는 제도가 가장 중요하다는 것이다. 남한과

북한만 봐도 기후, 문화, 위치 등, 거의 모두 같은데, 오로지 다른 것은 민주주의냐 독재 체제냐 밖에 없다.

민주주의는 포용적 제도를 대표한다. 대한민국이 시장경제와 민주적 제도를 채택해 국민 누구에게나 경제적 기회와 정치적 참여를 허용함으로써 국민 다수가 경제활동과 혁신에 참여한 반면, 북한은 중앙집권적 독재로 경제적 자원과 권력이 특정 계층에만 집중되는 배제적 체제다.

나는 이들의 책 『국가는 왜 실패하는가』를 처음 읽었을 때 책 내용도 좋았지만, 우리나라에 관한 내용이 한 챕터를 차지하는 것을 보고 반가운 마음이 앞섰다. 그런데 반가우면서도 정작 우리 경제 발전의 동력에 대해 이들이 제대로 짚은 것인지에 대해서는 상당한 의구심이 들었다.

물론 포용적 체제와 배제적 체제로 남북한을 비교한 것에는 적극 동의한다. 한국이 '동아시아의 기적'이라는 찬사를 받았던 때에는 분명 세계에서 가장 역동적이고 사회 이동성이 높은 나라였다.

문제는 대한민국 경제 발전의 포용성이 어디서 나왔는지, 보다 정확하게는 포용성을 어느 영역에 심었는지를 이들이 잘 이해하지 못하고 시장경제와 공산주의라는 피상적이고 일차적인 대립으로 스토리를 구성했다는 것이다. 그래도 노벨상 수상은 축하하지만 말이다.

대한민국 경제 발전의 속을 들여다보면 가장 눈에 띄는 것은 교육으로 계층이동을 이루겠다는 끝없는 열정이다. 정치 리더나 일반 국민 모두 그랬다. 국민과 정부는 어떤 어려움 속에서도 교육의 끈을 놓지 않고, 교육 투자를 지속적으로 확대했다. 우리의 성공적 산업화와 교육의 기여를 놓고 여러 국제기구와 다른 개발도상국이 그 원인을 규명하려고 시도했지만 뚜렷이 밝히기 어려울 정도로 특이한 점이다.

고려 광종 때 과거제를 도입한 이래 교육만이 계층상승의 길이라는 인식이 깊게 자리 잡아서일 수도 있고, 한글이라는 문화 인프라가 큰 역할을 했다는 주장도 있다. 식민 지배와 전쟁으로 인한 사회적 공백 속에서, 새로운 중산층(관리직, 기술직, 전문직 종사자)과 행정·사법 엘리트가 교육이나 교육에 기반한 선발로 유입됐기 때문일 수도 있다.

어쨌든 사람을 키우는 것이 경제 성장의 원동력이라는 신념이 정책담당자들에게 뚜렷했고, 부모와 학생들 역시 '배워야 산다' 즉, 가난과 무지를 벗어날 유일한 길이 배우는 길밖에 없다는 믿음이 강했다.

이는 전후 한국에 들어와 있던 많은 국제구호기구 관계자들에게 커다란 놀라움을 안겨준 점이기도 했다. 1954년에 작성된 유네스코 보고서의 한 구절은 다음과 같다. "한국은 부모들이 자녀 교육에 대한 열망이 매우 강하며, 이는 다른 나라에서는 찾아보기 어려운 상황이다. 학교 건물의 건축과 수리, 교사 급여의 비용 대부분이 부모의 주머니에서 직접 나온다. 자녀가 학교에 다니게 하려고 많은 부모가 제대로 먹지조차 않고 있다."

정치지도자들은 어땠냐면, 국민들의 열망을 제도에 반영시키는 역할을 충실히 해냈다. 헌법을 제정하자마자 초등교육 의무화를 교육법에 명시했고 1954년부터 1959년 동안 취학률을 96%까지 끌어올렸다. 이것이 중등교육에 대한 수요를 급증시키자 1968년 중학교 무시험제로 중등교육을 보편화시켰고, 이것이 다시 고등학교 입학 수요를 급증시켰을 때는 1974년 고교평준화를 통해 대중교육의 저변을 확대하였다.

1963년 박정희 대통령은 『국가와 혁명과 나』라는 저서에서 5·16 이후 2년의 성과를 국민에게 보고했는데, '5년간 교실을 4천 900개 새로 짓고 1천 705개를 수리할 계획인데 그중 90%를 완료했습니다. 말썽 많은 사친회를 폐지했고, 양단 치맛자락의 학교 출입을 제한했습니다 [···] 실업교육의 강화 등은 아직 연구

중에 있지만 곧 합리적 결과에 이를 것입니다.' 이런 식이었다.

최고지도자가 교육기반을 마련하는 것을 얼마나 중시했는 지, 또는 그것을 중시하는 국민의 마음에 얼마나 공감했는지를 보여주는 대목이다. 이를 위한 지출은 우리 딴에는 막대한 규모 였다. 국내 세입 기반이 원체 빈약했던지라 1960년대 내내 나라 예산의 절반 이상을 미국 원조자금으로 채워야 했다.

같은 책에서 박정희 대통령은 "예산의 52%를 미국에 의존 하고 있으니 한국에 대한 미국의 발언권이 52%라는 의미도 된 다. 일제로부터 독립했지만, 이러고도 우리는 과연 독립된 주권 국가라고 자부할 수 있을 것인가, 참으로 딱하고 기막힌 일이 아 닐 수 없다"라고 한탄했을 정도다.

그렇지만 교육예산은 1963년 15%에 이르렀다. 복지예산 6% 에 비하면 엄청난 규모다. 당시 국가적으로 얼마나 강력한 우선 순위가 교육에 두어졌는지 짐작할 수 있다. 이렇게 순차적으로 교육 기회를 빠르게 확대한 것은 결국 한국경제 고도화 과정을 긴밀하게 뒷받침한 투자가 됐다. 1960년대 저기술경공업, 1970 년대 중화학공업, 1980년대 이후 기술집약산업의 발전에 필요 한 인력을 제공한 성장 동력이 됐을 뿐 아니라 분배 측면에서도 국민 대다수가 경제 발전에서 소외되지 않게 하는 핵심 장치로 기능했다.

산업구조가 고도화되어 부가가치가 높은 일자리가 증가하는데, 그 일을 잘 수행할 수 있는 인력이 충분히 지속적으로 공급돼 좋은 일자리를 갖는 개인들이 늘어나고, 이들이 자녀의 교육 투자와 가구 소비를 늘려 다시 성장에 기여하는 선순환이 형성된 것이다.

사실 이 선순환으로 성장과 분배의 두 마리 토끼를 잡은 것이 '동아시아의 기적'이라는 1993년 세계은행 보고서의 주된 분석이다. '기적'이라 불릴 만큼 만들어내기 어려운 선순환을 우리가 만들어낸 것은 바로 남다른 교육열을 분출시키고 일자리로 연결시킨 국민과 리더십의 협업이다.

이번에 노벨경제학상 수상자들이 지목한 대로 한국은 포용적 성장의 대표선수인 것은 맞지만, 어떤 면에서 포용적인지를 살펴보면 그것은 바로 교육과 일자리이다. 일차적으로는 교육의 확대, 2차적으로는 그것을 일자리로 긴밀하게 연결시킨 발전 전략인데, 이 두 가지를 중심으로 성장의 과실을 국민 다수가 누릴 수 있는 발전 경로를 만들어낸 것이다.

그런데 이렇듯 배움과 계층이동에 대한 열망이 한국인의 유전자라 당연시됐음에도 불구하고 왜 근래 들어서는 이동성이나 포용성에 대한 전망이 이렇게 암울해졌을까?

100명이 백방으로 뛰면
1등이 100명 나온다

한국경제 역동성의 원천으로 교육이 각광받았다는 게 아득할 정도로 요즘은 오히려 교육이 계층 고착화의 주범으로 꼽힌다.

2024년 열린 한 심포지엄에서 한국은행 총재는 '지역별 대학 비례선발제'를 제안했다. 서울대 등 서울의 주요 대학이 지역별 고등학교 3학년 학령인구수에 비례해 신입생을 뽑게 하자는 주장이다.

이와 함께 그는 '강남교육'도 비판했는데, "사교육 강사와 대학 입학 코치가 밀집한 강남권을 두고 학부모들 사이에 치열한 경쟁이 벌어져 집값과 대출을 끌어올리고, 불평등을 악화시키고, 지방 인구 감소를 가속화"하고 있으니 강남 학생들의 명문대 입학을 제한해야 한다는 것이다.

그의 주장은 많은 갑론을박을 불러일으켰다. 나는 무엇보다 교육의 계층 고착성을 이슈화한 한은 총재의 시도를 환영한다. 우리 경제가 다시 무릎을 세워 일어나기 위해서는 이런 주제에 대해 격렬히 논쟁하고 방향을 세워야 할 때라고 생각하기 때문이다.

그런데 해법에 대해서는 생각을 달리한다. 어떤 부모에게 태어났는지가 교육 성과에 지배적인 영향을 미치게 됐고 입시방식을 고쳐야 문제를 해결할 수 있다는 그의 지적에는 공감하지만, 보다 근본적으로 교육이 계층 사다리를 부러뜨리게 된 이유는 공교육이 망가졌기 때문이다.

공교육이 망가진 것을 한눈에 볼 수 있는 현상은 잠자는 아이들을 깨우지 않는 학교다. 중학교 내신등급 분포는 이를 수치로 보여준다. 절대평가 방식 하에서 D등급이나 E등급은 교과목 내용에 대해 거의 이해하지 못하고 있다는 것인데, 과목에 따라서는 아이들 중 3분의 1 정도가 이 구간에 속하기도 한다.

이렇게 많은 아이들을 포기하는 것이 우리 공교육의 현주소다. 포기당하는 아이들은 상대적으로 경제력이 낮거나 부모의 관심이 적은 가정의 아이들일 테니, 우리나라 공교육이 계층 고착화의 주범이라는 혐의가 아주 억울하지도 않다. 이게 무슨 공교육인가.

과거 공교육을 국민 대중을 대상으로 빠른 시간에 확대한 것은 이들이 경제 성장의 과실로부터 소외되지 않고 중산층으로 올라설 수 있게 한 핵심이었다. 그렇게 교육이 포용적 성장 경로의 주춧돌이었던 것과 정반대로 지금은 공교육이 망가졌기 때문에 넉넉한 가정의 아이들만 사교육에 집중투자하면서 진학을 준비하고 있다. 우리 사회가 배제적 제도의 사회로 전환하고 있는 것이다.

그러니 이제 보다 개방적이고 포용적인 경제체제로 회복하기 위해서는 공교육을 정상화시킬 방안을 찾는 것이 핵심이다. 그런데 한은 총재의 제안처럼 강남 아이들이 명문대에 덜 입학하도록 제한하는 장치를 만들면 강남 집값은 좀 떨어질지 모르지만 우리 공교육을 살려내는 것과는 별 관련이 없다.

어떻게 하면 아이들이 미리 포기하고 엎드려 잠을 청하지 않게 할 것인지, 아이들이 자더라도 이들을 포기하지 않고 깨워 의욕을 되살릴 것인지가 지금 우리 교육의 당면 목표여야 한다.

그러기 위해서는 애초 지금처럼 공교육이 망가진 원인을 파악해야 하는데, 그 이유 중 하나는 국가주도 경제 발전의 그림자인 획일성과 공급자 주도성이 아직 자리를 비키지 않아 교육 현장의 자율성이 자리 잡지 못한 탓이다.

과거 급증하는 베이비부머들을 교육해내기 위해 국가는 말 그대로 주도면밀하게 교육현장을 통제했다. 의무교육 시설 확충 5개년 계획을 세워 전국에 교실 신축, 노후 교실 개축, 교원 증원, 커리큘럼 마련, 재정 확충 등 모든 사항을 중앙집중된 구조에서 일사불란하게 결정한 후 현장으로 하달했다.

5년마다 경제개발계획을 짤 때에는 인력개발계획의 지원을 받았다. 경제기획원이 경제개발계획을 발표하면 각 부처는 이를 실행하기 위한 구체적인 실행 계획을 수립했다.

과학기술부와 교육부는 각 산업의 장인, 기술자, 엔지니어의 수요와 공급을 예측하고, 고등학교 및 대학 졸업생 수를 조절하여 이러한 수요를 충족시키기 위한 공급 계획을 준비했다. 진척 상황은 정부 관계자, 기업인 및 기타 전문가를 포함한 모든 이해관계자에 의해 매월 모니터링되었다.

이런 일사불란한 국가적 프로젝트 속에서 교육부, 교육청, 교사, 학교로 이루어진 공급자들은 정부로부터 각종 지시를 받고 학생들을 '우리는 이걸 가르칠 테니 따라올 사람은 따라오고 낙오할 사람은 할 수 없다'라는 자세로 대했다. 반복적인 주입식 교육 말고는 수많은 베이비부머들을 단기간에 교육해낼 방도가 없었기 때문이다. 교육 투자가 경제 성장을 견인한 눈부신 성과를 올렸지만, 그 그림자도 짙게 남은 것이다.

자는 아이들을 깨우지 않는 우리 교육은 이런 공급자 중심성, 타율성이 수십 년간 부식된 한 단면이다. 사실 산업화 시절 한 교실에 70명에서 100명의 아이들이 있었을 때는 상당수 아이들이 수업을 따라가지 못하는 것을 포기하고 진도를 나가는 것이 불가피했다.

그렇지만 아이들이 많이 태어나지 않아 교실 규모가 대폭 줄어든 요즘은 그런 핑계가 통하지 않는다. 시대와 상황이 변화해오는 과정에서 교육이 아이들 하나하나에 초점을 맞추며 현장의 자율성을 증진하는 방식으로 쇄신하지 못한 것이다.

이는 우리나라의 가장 강력한 정책 미스터리 중 하나를 만들어냈다. 공교육이 학원에 자리를 내주고 제 역할을 못한다는 한탄이 얼마나 오래됐는데, 이 점을 해결하기 위한 정말 절박한 성찰과 논쟁은 보이지도 들리지도 않는다. 정말 이상하지 않은가? 대한민국이 '교육으로 일어선 나라'라는 것을 그렇게 자랑스러워들 하면서 공교육이 무너지고 있다는데, 사즉생의 각오로 달려들어 문제를 해결하려는 이들이 없다는 게 말이다.

교사들은 교실 안에서는 권위를 갖춘 교육자지만 교실밖에 나서는 순간, 위에서 떨구는 각종 시책을 집행하는 말단 공무원이 된다고 넋두리한다. 교육시스템을 제대로 세울 고민을 할 여력도 없고 그럴 입장도 아니라는 것이다. 그런데 현장 교사뿐 아니라 논의를 촉발해야 할 교육전문가들조차도 너무 조용하다. 사회의 전반적인 활력이 떨어지는 속도보다 훨씬 더 빠르게 교육계가 관료화되고 경직화됐다. 교육부와 교육청, 학교, 교사, 교육전문가 모두가 무기력에 안주하면서 뭔가 큰 변화를 이뤄낼 엄두를 못 내고 있다.

다른 분야도 마찬가지지만 교육이야말로 빅뱅 수준의 큰 인식 변화와 시스템개혁이 필요하다. 공교육이 아이들에게 지금보다 훨씬 더 큰 책임성을 가져야 한다는 인식 변화 말이다. 단지 교실 안에서 교사가 더 큰 책임을 져야 한다는 것이 아니라 우리의 교육시스템 전체가 아이들에 대해 더 큰 책임을 느끼고 들인 노력에 대해 평가받아야 한다는 것이다.

예를 들어 '어떤 아이도 뒤처지게 방치하지 않는 교육No Child Left Behind'은 미국 부시 행정부가 표방했지만 사실 공교육이라면 당연히 목표로 삼아야 하는 방향이 아닌가 싶다. 이것을 상위 목표로 설정하고, 학업 성취도나 사회적·정서적 능력, 비판적이고 창의적인 사고 등 구체적인 항목을 기준으로 얼마나 교육 성과가 있는지 교육부와 교육청, 학교장, 교사들을 평가하고 지원하는 것이 시작이다. 지금처럼 교육부와 교육청이 학교와 교사에게 오만가지 시책을 하달하기만 하는 구조가 아니라, 교육 목표를 명확히 공유한 후, 그것을 구현하기 위해 이들이 학교와 교사를 돕게 만들어야 한다. 교육시스템 전반을 다시 짜는 것이다.

지금도 교사들에 관한 평가가 존재하지만 아이들의 성취도(학업이 됐든, 뭐가 됐든)는 평가에 고려되지 않는다. 설문조사 정도가 반영될 뿐이다. 교육부나 교육청은 본인들 역시 책임 주체이면서 교육의 성과에 대해 전혀 평가받지 않는다. 결국 교사나 교장, 학교, 교육청, 교육부, 그 어느 교육 주체도 아이들이 무엇을 얼마나 잘 익혀가고 있는지, 어떤 아이들이 얼마나 방치되고 포기되는지 책임지지 않는다.

정치적 입장에 따라, 교육 철학에 따라, 이념에 따라 입장 차이가 너무 커서 무엇을 평가할지 합의하기 어렵다는 하소연들이 많다. 참으로 무책임한 얘기다. 다음 세대를 잘 길러내야 할 소명을 가진 어른들이 서로 합의점을 찾기 싫어 교육이 망가지는 걸 방치하겠다는 것이나 다름없지 않은가.

경쟁의 압박이 비교육적이고 교사에게 주는 부담감과 스트레스가 과할 수 있다는 우려도 일리가 있다. 하지만, 모두 하기 나름 아닐까. 시스템을 고치려면 어디에 구멍이 나 있고 어디가 뒤처지는지 파악부터 해야 한다는 건 분명하다. 단, 어떤 항목을 평가하고 결과를 어떻게 활용할 것인지 잘 설계해서 압박 대신 지원에 중점을 두고 개선을 유도한다면 부작용을 줄일 수 있을 것이다. 무엇보다 학원보다 못한 공교육, 학원 갈 돈이 없으면 희망을 못 찾는 교육시스템인 걸 뻔히 알면서도 아무것도 시도하지 않으며, 공교육의 책임을 나 몰라라 하는 것은 나라와 국민의 쇠락을 뻔히 예상하면서 방치하는 사보타주나 마찬가지다.

또한 공교육 정상화를 위해서는 입시 역시 큰 틀의 변화가 필요하다. 공교육을 망가트린 원인 중 하나로 꼽히는 게 바로 입시다. 학원에 의존할 수밖에 없게 만든다는 것이다. 입시가 인적 자본에 미치는 역할을 오래 고민해 온 서울대 김대일 교수는 "성적순으로만 학생을 뽑으라고 하는 국가 통제를 없애는 것이 중요하다"라고 일갈한다.

그래도 성적순이 제일 공정하지 않은가, 성적순이 아니면 도대체 무엇을 기준으로 삼을 수 있냐는 의문을 가질 이들이 많겠지만, 이에 대한 좋은 단서가 카이스트대학이다. 카이스트대학은 교육부 소관이 아니라 상대적으로 자율성이 강하다.

현재 이들은 창의적인 이공계 학생을 찾겠다는 목적을 뚜렷이 하고, 서류전형으로만 100% 선발하는 방식과 기존의 틀을 벗어난 전형 등 다양한 특성의 학생을 다양한 방식으로 선발하려 시도하고 있다. 카이스트 이광형 총장이 밝힌 의도는 이렇다. "창의 인재를 기르려면 학교가 자유로워야 한다. 대학 입시에 자율권을 주어야 한다. 수십만 명이 응시하는 수능 시험은 창의성 판별에 적합하지 않다. 수능은 기초 학력 테스트에 만족하고 그다음은 대학별 교육 철학에 맞는 학생 선발을 하게 해주면 된다."

국가주도적인 경제발전 과정에서 고착화된 방식은 지금도 획일화된 학생 선발을 대학에 강요하고 있고, 이는 창의적이고 도전적인 인재들을 키우지 못하게 하는 주범이다. 그런데 그 부작용은 우수한 인재를 키워내지 못하는 것뿐만이 아니다.

많은 아이들로 하여금 잠을 청하게 하는 것이 어쩌면 더 큰 문제다. 현재의 입시는 수십만 명을 한 줄로 세우는 방식인데, 모든 과목을 잘해야 내신과 수능 성적을 잘 받을 수 있다. 또 이것을 기가 막히게 효율적으로 준비시키는 것이 사교육이라 학원을 찾을 수밖에 없다.

이런 구조니, 부모의 관심이 덜하고 사교육 비용을 감당할 수 없는 아이들은 아무리 노력해도 어차피 소용없다고 생각해 일찍부터 포기한다. 공교육이 왜 자는 아이들을 '안 깨우느냐'도 중요하지만, '왜 아이들이 잠을 청하느냐'도 생각해봐야 하는데, 그 유력한 원인이 지금과 같은 획일적인 입시라는 것이다.

그러나 카이스트처럼 모든 과목은 어지간한 기초를 요구할 뿐 자신들이 필요로 하는 과목이나 영역만 중시한다면, 학생들 역시 자신이 좋아하는 적성을 살릴 의욕을 포기하지 않을 수 있다. 서울대 공대에서 국어 과목까지 다른 아이들보다 월등히 잘하는 아이를 선발하도록 국가가 강제할 이유를 도무지 찾을 수 없다.

서울대나 카이스트 같은 최상위 학교만의 문제가 절대 아니다. 어떤 학교는 드론 분야에 특화하기를 바라며 그 분야에 재능과 관심이 있는 학생을 원하고 다른 학교는 도시계획 분야에 특화하려 한다고 해보자. 학생들은 자신들이 하고 싶은 것과 가고 싶은 학교가 매칭될 가능성을 발견하기가 지금보다 훨씬 수월할 것이다.

핵심은 교육 목표를 공교육 정상화로 뚜렷이 제시하는 것이다. 공교육의 역할은 가난한 집안의 아이들이나 넉넉한 집안의 아이들, 학업능력이 높은 아이들이나 낮은 아이들 모두 자신의 잠재력을 충분히 계발하도록 하는 것이다. 그 역할을 포기한다면 국가의 역할을 포기하는 것이나 진배없다. 계층 이동성을 파괴하고 혁신의 의욕을 꺾는 주범이 국가인 것과 마찬가지다.

반값등록금을 비롯해 대학이 자신의 장점과 특성을 키우기 위한 투자를 어렵게 하는 우스꽝스러운 규제들도 싹 없애야 한다. 애초에 고도의 자율성을 가져야 할 대학 운영에 아직도 교육부가 깊이 간섭하는 것 자체가 너무나 후진적이다.

이번에 트럼프 당선인이 연방 교육부를 폐지하겠다고 공약한 모양인데, 우리나라도 '교육부가 없어야 교육이 산다'라는 말이 그간 회자되어 왔다. 다분히 감정이 실린 말로 들리지만 적어도 대학에 대해서는 그렇지 않다. 보도에 따르면 현직 교육부 장관도 입각 전엔 "대학을 교육부 산하에서 떼어내야 한다"라고 했다. 대학에 대해서는 '교육부 손 떼!'를 다 같이 외쳐야 대학도 살고 초중고도 정상화된다. 물론 법을 대폭 개정해야 하는 문제이긴 하지만 말이다.

결국 지금의 과제는 국가주도경제개발 시대의 유산을 발전적으로 해체하고 포용적 제도라는 본질적 정신만 계승하는 것이다. 모두를 한 줄로 세워 거의 모든 아이들을 실패자로 만드는 지금의 풍토에서 경제가 다시 뛰기를 바라는 건 난망이다. 공교육으로부터도 실패자로 포기당한 아이들의 마음에 역동성이 어찌 자라겠나.

100명이 한 줄로 서면 한 명만 1등이지만 100명이 백방으로 뛰면 100명의 1등이 나온다. 태어난 아이들 하나하나가 고마울 정도의 저출산 사회에서는 아이들 모두를 아인슈타인이나 스티브 잡스가 될 가능성을 가진 존재로 귀하게 교육시키는 게 필요하다. 그런 게 혁신 수용적 사회다.

역동성 복지 시대를
열어야 한다

노무현 정부 때 일이다. 그때는 정권 차원에서 밀고 싶은 프로젝트가 있고 그것을 위한 학술적인 근거가 필요할 때 국책연구기관에서 중견급들을 몇 명 파견받아 '떴다방'식 단기팀을 꾸리는 일이 흔했다. KDI는 항상 바쁜 기관이지만 그때는 유독 사람이 모자랐던 때라 젊었던 내가 가야 했다.

가보니 청와대 비서관이 작업반장, 기획재정부 공무원 한 명이 부반장이었는데, 작업 목표가 황당했다. 복지지출을 많이 하면 당장 경제성장률이 높아진다는 것을 숫자로 분석해내라는 것이었다. 그것을 대통령에게 전달해 복지지출을 늘리는 근거로 국민들에게 제시하겠다는 것이었다.

그런데 성장에 도움이 되건 말건 복지와 분배는 그 자체가 중요한 가치이니 필요한 만큼 지출하는 게 맞다. 그런데도 뚱딴지같이 성장을 위해 복지지출을 늘려야 한다는 주장은 상당히 비겁한 일일 뿐 아니라 분배의 중요성을 부정하는 괴이한 시각이다.

더구나 돈을 지혜롭게 잘 쓰면 경제 성장에 도움이 되고, 생각 없이 그냥 뿌리면 도움이 안 되는 것인데, 무조건 돈을 많이 쓰면 성장이 된다, 그것도 당장 된다는 주장을 뒷받침하라니 처음에는 저분들이 제정신인가 싶었다.

그런데 시간이 지남에 따라 내가 깨닫게 된 것은 사실이나 근거에 대해 그들은 관심이 없다는 점이었다. 정치적으로 필요하고 자신들의 출세에 도움이 될 것 같으니 일단 지르고 보겠다는 정치공학적 수재들이었다. 실제로 그중 한 명은 먼 훗날 청와대 정책실장까지 지냈고, 다른 한 명은 경제부처 차관과 다선 국회의원을 했으니 지적 능력에 딱히 문제가 있었던 것은 아닐 것이다.

그들의 정치공학적 계산은 아마도 이런 것이 아니었을까 싶다. 사실 그때는 지금의 시각으로 봐도 외환위기 수습과 양극화 대응을 위해 복지지출이 늘어야 하는 때였다. 문제는 당시 정권이 시대가 요구하는 변화를 국민들에게 정면으로 설득할 용기와 능력이 부족했다는 점이다.

대신 그들은 린더트라는 미국의 경제사학자가 '복지지출을 많이 한 나라가 과거 200년간 성장도 잘했다'라는 통계적 연구 결과와 영국의 사회학자 기든스의 사회투자국가론을 차용해 '해외 유명학자도 이렇게 주장했다'라며 복지지출을 쉽게 늘리고자 했던 것 같다.

그러거나 말거나 나는 매번 힐책과 압박을 받으면서도 상식적인 내용의 글을 계속 써서 가지고 갔다. 그들이 원하는 내용이 아니라는 것이 명확했지만, 그들의 목적을 위해 되도 않는 거짓말을 써갈 수는 없었다. 내가 표현을 바꿔가며 계속 써갔던 요지는 다음과 같다.

재정은 어떻게 쓰는지가 중요하다. 국민들의 역량을 높이고 건강하고 안전한 생활을 하게 하는 교육이나 의료, 기본 안전망에 효과적으로 투자하는 것이 중요하다. 이는 다른 사회경제적 목표를 위한 수단이 아니라 그 자체로서도 중요하지만, 결과적으로는 사회통합에도 기여한다. 또한 언제가 될지는 모르지만 인적 자원과 사회적 자본의 축적을 통해 경제 성장에도 기여한다는 것 역시 분명하다.

결국 그들은 개중 타협적인 연구자를 주로 활용하는 것으로 그 작업을 마무리해야 했다. 한 분은 얼마나 화가 났던지 좋게 헤어지자는 마무리 식사 때까지 뒤끝을 억제하지 못했다. 그는 내게 "높은 사람이 일을 시키면 말이 되든 안 되든 일단 해서 가져와야지, 정도正道가 아니라며 대놓고 말하는 것은 사회생활에 도움이 안 된다"라며 힐책했다.

그런데 재미있는 건 당시 내가 줄기차게 가지고 갔던 내용이 바로 기든스 교수나 린더트 교수의 핵심 주장이라는 점이다. 게다가 그들이 (내용을 이해하지 못한 채) 베끼라고 강요한 그 석학들의 연구 내용은 사실 현재까지도 전 세계 정책써클에서 중심적인 위치를 차지할 만큼 합리적이다.

특히 영국 노동당 자문이었던 기든스 교수는 막스 베버나 에밀 뒤르켐에 비견될 정도의 사회학계 거두인데, 당시 '제3의 길'이라는 정책 노선을 주창했다. 신자유주의나 전통 좌파 모두 과거 냉전 시대에나 적합했던 모델로, 국가가 개인의 삶을 책임지겠다고 나서는 전통 좌파나 연대와 평등의 가치를 경시하는 신자유주의 모두 시대적 적실성을 잃었다는 것이다.

스스로를 중도 좌파라 칭하는 그가 대안으로 제시한 제3의 길은 '정부가 재정을 많이 쓰는 것이 진보'라고 믿었던 과거의 좌파 입장을 신랄하게 반성한다. 소득 보장보다는 인적 자본 및 기회의 재분배에 지원함으로써 국민의 역량을 높이고, 시장경제의 혁신과 생산력을 증대시키는 '사회투자국가'로 전환해야 한다는 것이다.

좌파의 전통 목표인 '고용과 평등'은 변함없이 유지하되, 전략을 수정해야 한다는 것이 주된 요지다. 경제의 경직성을 해소하고 유연성을 받아들이되, 시장경제에서 낙오된 이들과 그 자녀에게 다시 시도할 기회를 제공하고 그를 위한 준비를 적극적으로 지원하는 '사회적 투자'를 추구해야 사회적 연대와 경제적 번영을 양립시킬 수 있다는 것이다.

나는 당시 그의 주장에 깊이 공감했는데, 몇 년 뒤 옥스퍼드 대학에서 나온 복지백과를 보고 크게 웃을 수밖에 없었다. 기든스 교수가 '제3의 길'을 주창하는 데 영감을 준 것이 바로 우리나라를 비롯한 동아시아 국가들의 경제발전과정이라는 것이었다.

그의 눈에는 국민들의 인적 자본에 집중투자해 경제 성장과 국민생활수준 향상의 선순환을 이룬 우리나라 사례가 당시 서구 선진국이 직면했던 '비정한 신자유주의 대 경직된 케인즈적 복지국가' 딜레마를 풀 수 있는 해결책으로 보였던 것이다.

우리나라를 배워간 세계적 석학의 이론을 가져와 정반대 내용으로 베끼라고 강요하는 대한민국 정부라니, 우습기도 했지만 스스로에 대해서도 모르고 남에 대해서도 모르는 우리의 얄팍한 지적 기반이 너무나 씁쓸했다.

그러나 그 후에도 우리 사회정책은 별반 나아지지 않았다. 아직도 '국민 모두에게 얼마씩 나눠주겠다'라는 주장이 선거 때마다 출현하고 정치권에서 심각한 논쟁이 된다. 그것을 반대하는 보수당은 '어려운 국민에 한정해서, 얼마의 소득을 보장하겠다'라는 것을 대안으로 내세운다.

일명 보편복지냐 선별복지냐인데, 공허한 논쟁에 불과하다. 보편복지나 선별복지는 원래 양자택일의 문제가 아니기 때문이다. 어느 나라나 보편적 성격을 갖는 영역과 선별적 영역을 갖는 영역이 함께 공존하는데 어느 게 맞냐고 논쟁하다니 기이하기 짝이 없다. 우리의 정책 담론이 과도하게 정치진영화되어 있는 것도 이런 기이한 논쟁의 원인이다.

예를 들면, 건강보험 같은 제도는 전 국민을 포괄하는 제도다. 사회보험이나 공교육, 돌봄처럼 중요한 사회서비스는 국민 전체에 적용된다. 각 가정의 경제적 능력에 따라 비용 부담율이 다를 수는 있지만, 필요할 때 지원받으며 이용한다. 이런 건 대상을 가리지 않는 대표적인 보편복지다.

반대로 현금 지원은 그것을 필요로 하는 계층이 빈곤층이고 그들의 소득 보장을 목표로 하기 때문에 전 세계 어떤 선진국이든 선별적 성격을 갖는다. 행정 인프라가 형편없는 개발도상국에서 누가 부유하고 누가 가난한지 몰라 대상을 골라내는 비용이 너무 높을 경우에 선별성을 포기하기도 할 뿐이다.

더 큰 문제는 '무슨무슨 소득이 더 낫다 아니다' 하며, 현금 지원 방식만 갖고 싸우는 현재 우리의 풍토다. 한 가정을 어려운 처지로부터 다시 일으키는 데 어떤 도움이 필요한지는 상황을 들여다보기 전에는 알기 어렵다. 어떤 방식이든지 간에 돈을 얼마 주면 된다고 단순하게 판단하기는 어렵다는 것이다.

예를 들어, 우리나라에서 극빈 가정이 되는 일반적인 경로는 이렇다. 자식들이 분가하거나 연락이 끊긴 노인 부부가 저임금 일자리에 의존할 때 보통 빈곤층에 속한다. 그러다가 할아버지가 사망하고 근로 능력이 없는 할머니 혼자 남는 경우 십중팔구 극빈층으로 떨어진다. 이런 경우에는 서류만 보고 현금을 지원해도 큰 도움이 될 수 있다.

반면, 근로 능력이 잠재적으로나마 있는 가구는 단순 지원이 아니라 정상 궤도로 옮겨탈 동력을 만들어 내는 것을 목표로 해야 하는데, 가구의 구체적 상황에 따라 다층적인 고려와 다양한 도움이 있어야 그것이 가능하다. 취업하지 못한 청년이나 중년이 있는 빈곤 가구라면 집중적인 취업 상담과 매칭, 취업을 위한 교육훈련 지원, 취업에 성공하기 전까지의 생계비 지원이 패키지로 마련돼야 한다.

근로 능력이 있는 저소득층이 병이 들어 일을 나가지 못하는 상황이라면 의료서비스를 충분히 제공받도록 지원하고, 환자나 어린 자녀 등이 있어 전적으로 취업 활동을 하기 어렵다면 상황에 맞는 돌봄서비스를 지속적으로 제공해야 한다.

어린 자녀가 있는 빈곤 가구는 다른 빈곤 가구보다 특히 더 적극적인 지원 기준이 필요하다. 어린이의 인생 경로에서 현재의 빈곤이 영구적인 흉터를 남기지 않는 것을 목표로 동기 부여와 학업 지원 등을 경제적 지원만큼 중시해야 한다. 가구 생계비 지원 역시 기계적으로 '현재 가구소득이 얼마이니 지원액이 얼마'가 아니라 '어린이 우선'이라는 원칙이 필요하다.

양육기 부모의 근로 환경 지원도 복지정책의 중요한 축이다. 중산층에 대해서도 그렇지만, 빈곤 가구는 특히 자녀가 무엇을 하며 시간을 보내는지 부모가 관심을 가질 여력이 없다면 아이에게 빈곤의 영향이 남지 않기를 기대하기 어렵다. 부모 중 한 사람은 자녀와 일정 시간을 보낼 수 있도록 보장하는 정책 방향과 재원 투입은 더욱 중요하다.

무엇보다 과거처럼 복지정책이라면서 서류만 보고 돈을 얼마 줬으니 정부가 할 일을 다 했다고 자부하던 시대는 지났다. 사람을 다시 일으킨다는 것이 어찌 쉽겠나. 경제활동을 할 수 있는 사람에게 '당신 소득이 얼마이니 지금 얼마를 나눠 주겠다'는 과거의 획일적 복지는 더 이상 시대와 맞지 않다.

그런 의미에서 '기본소득' 주장이나 '무슨 무슨 소득'이 낫다는 반론들은 우려스럽다. 물론 현금 지원 방식 중 어느 것이 낫냐고 굳이 묻는다면, 재원을 더 효율적으로 배분할 가능성을 무시하는 기본소득은 제일 먼저 제외될 수밖에 없다. 돈을 나눠주는 것이 엄청나게 중요한 핵심 복지라고 전제하는 사고방식 자체를 이제 졸업할 때가 됐다.

개인의 상황을 잘 살펴 그 사람의 역량을 키울 수 있도록 맞춤형으로 돕는다는 것은 상황에 따라 현금과 각종 복지서비스를 다양한 방식으로 조합해 지원하는 것을 의미하기 때문이다.

사실 이는 패러다임 전환이라 할만하다. 고단한 처지를 완화하는 것이 과거의 복지였다면, 이제는 더 나은 처지로의 경로를 스스로 그리게 한 후 튼튼한 뗏목을 맞춤형으로 제작해 띄우는 것을 목표로 지원시스템을 전격 전환하는 것이다.

특히 지금처럼 경제적으로나 사회적으로 과거 어떤 때보다도 큰 폭의 변화가 해일처럼 다가오는 시기에는 취약계층을 돕는데에도 '국민들이 변화를 두려워하면서 위축되거나 좌절하지 않도록 돕는다'는 방향성이 뚜렷해야 한다.

파도가 클 때는 두려워서 엎드리는 사람과 파도 속으로 뛰어 들어가 흐름을 타는 사람이 있다. 국민과 사회가 파도를 두려워하지 않고 그 위에 올라타도록 돕는 것이 '역동성의 복지'다.

물론 파도에 쓸려 쓰러진 사람이나 파도를 탈 힘이 떨어진 노쇠한 사람을 잘 돌보고 다시 일어서게 하는 것도 중요하지만, 국민 대부분이 마음 놓고 파도에 올라탈 수 있도록 다양한 방식으로 뒤를 받쳐주는 것은 시대적 변화가 요구하는 사회적 투자다.

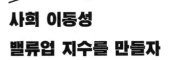

사회 이동성
밸류업 지수를 만들자

사회적 자본이란 말이 있다. 사회 구성원 서로가 신뢰하고 협력할 때 모든 영역에서 거래 비용이 줄어든다. 탐색하고 확인하고 의심하는 비용이 줄어드니 당연한 일이다. 후쿠야마 교수나 퍼트남 교수를 비롯한 많은 학자들은 신뢰를 핵심으로 하는 사회적 자본이 경제 성장에 중요한 역할을 한다고 강조한다.

그런데 사회 구성원 간의 신뢰도 중요하지만, 나는 사회시스템과 국가에 대한 신뢰도 중요하다고 생각한다. 국가가 국민을 위해 열심히 일한다는 신뢰가 강하면 정책이나 조세에 대한 저항이 거세지지 않는다. 나라의 에너지를 모아 앞으로 나아가기가 용이하게 되는 것이다.

또한 내가 어디에 도달할지, 어떤 삶을 살게 될지가 내 노력에 달렸다고 믿을 수 있는 유동적 사회시스템에서는 활기와 의욕이 약해지지 않는다. 이런 것들이 마음의 역동성을 일으키는 사회적 자본이다.

그런데 여기에는 정책적 이슈와 심리적 이슈가 모두 작용한다. 사교육에 의존해야 하는 공교육 붕괴 현상, 진입 지점이 절대적 영향을 미치는 노동시장의 경직성, 위험을 기피하게 만드는 불안정한 사회안전망 등 개별 정책 영역에서 안정적인 사다리를 복구해야 하는 과제들이 모두 중요하다. 그러나 한국경제가 다시 한번 도전할 마음을 먹을 수 있을 것인지의 맥락에서는 심리적인 이슈 역시 중요하다.

위축과 좌절의 정서가 지배적인 사회는 실패를 두려워하지 않고 무모한 시도를 하도록 응원하는 사회와 정반대다. 혁신 경제란 해보지 않은 일, 가보지 않은 길을 두려워하는 사람보다 호기심과 열정으로 새로운 길에 끌리는 이들이 많아지는 것이리라.

사회가 이런 방향으로 향하게 하기 위해 마음의 상태가 중요하다면, 심리적 요소를 깊이 성찰할 필요가 있다. 우리를 포함한 선진국들에서 근래 '경쟁과 능력주의' 담론에 대한 불신이 고조되고 엘리트들에 대한 분노가 증폭되어 왔다. 이는 사회 내의 에너지가 긍정적 도전으로 향하는 것을 막고 있다. 대신 정치적 포퓰리즘 선동이 에너지의 블랙홀이 돼버리는 것이 여러 국가에서 목도되고 있다.

몇 년 전에 TV에서 조 존슨이라는 영국 정치인의 인터뷰를 본 적이 있다. 그는 브렉시트를 강력하게 추진한 보리스 존슨 전영국 총리의 동생이다. 자기 형의 내각에서 대학·과학·연구 및혁신부 장관으로 잠깐 일했으나 브렉시트에 반대하는 입장이라밝히고 사임한 바 있다.

그런데 TV 인터뷰에서 그가 한 말이 인상적이었다. 브렉시트는 영국 사회의 문제가 분노로 불거진 현상인데, 브렉시트를하냐 마냐의 논쟁에 몇 년씩이나 허비하기보다 분노의 원인이된 사회 문제를 근본적으로 해소하는 데 노력을 기울였어야 한다는 반성이었다.

깊이 공감이 갔다. 대조적으로, 그의 형이 속한 브렉시트 그룹은 그런 국민들의 불만을 증폭시키기 위해 EU에 잔류할 경우부담해야 할 비용인 기여금 액수를 의도적으로 과장해 선전했다. 전형적인 포퓰리즘 선동이었다.

그런데 포퓰리즘적 선동으로 자신의 정치적 이득을 꾀하는정치인들은 영국뿐 아니라 우리나라를 비롯해 어디나 창궐하고있다. 그렇기 때문에 포퓰리즘을 출현시킨 경제사회적, 정치적문제를 치유하는 것은 나라가 제 궤도를 따라 잘 발전하기 위해점점 더 중요해지고 있다.

그런데 포퓰리즘을 키운 양분은 결국 경제 발전의 성과가

'폭넓은 번영'이 아니라 '일부만의 번영'으로 귀결됐다는 실망, 즉 경제적 격차의 심화이다. 두 번째로는 엘리트들에 대한 분노다. 시장경제 속에서 성공을 거머쥔 엘리트 계층이 불합리한 구조를 바로잡으려 애쓰기보다 자신을 위해서만 부와 권력을 이용하거나 서민들의 고통에 둔감한 모습을 보이는 행태다.

여러 나라에서 나타나듯, 시장경제는 타인에게 인정머리 없이 구는 것이며 승자독식, 약육강식이 얼마든지 용인된다는 오해를 방치하는 국가는 결국 좌절이나 분노를 불러 포퓰리즘을 적극 초대하고 있는 셈이다.

우리 역시 이 점에 대해서는 성찰할 부분이 많다. 일류 대학 졸업식에 부유층 자녀들 비중이 급격히 증가한 지 오래됐고, 양극화와 수도권 집중, 사회적 박탈감 심화도 새롭지 않은 문제들이다. 그런데도 역대 정부 중 실제로 이 문제를 붙잡고 전격적으로 해결하겠다는 의지를 밝힌 정부가 없다. 우리 역시 엘리트들의 무관심과 방치로 포퓰리즘을 양성하고 있는 것이나 마찬가지다.

확실한 것은 포퓰리즘의 영향력이 커질수록 경제는 궤도를 이탈하고 혁신의 에너지는 방향을 잃고 엉뚱한 싸움으로 향하게 된다는 것이다. 어떤 의미에서 한국경제가 다시 도약할 수 있을지 여부는 포퓰리즘과의 싸움에서 국민들의 마음을 진취적인 방향으로 향하게 할 수 있을지에 달렸다.

나는 사회적 이동성에 대한 믿음이 무너지고 있고, 이것이 국민들의 심리적 위축과 패배의식으로 이어지고 있는 상황을 '새로 고침' 해야 한다고 생각한다. 사회가 미래에 어떻게 변화할지 차분히 전망하고, 국가가 고단한 국민의 편에서 그들의 우려와 근심에 관심을 기울이고 있다는 점을 분명히 보이면서 사람들에게 힘을 실어주는 것이다.

계층 사다리를 복원하겠다는 선언은 과거에도 여러 번 있었지만 그것을 구체화해서 국가적 의지로 밝힌 적은 없었다. 이를 위한 국가적 의지와 결단을 분명히 하기 위해서는 사회 이동성이 얼마나 떨어지고 있는지, 상황을 분명히 파악하고 추적하기 위한 도구를 만드는 것이 필요하다. 현황을 알아야 개선이 가능하니 말이다.

요즘 주식시장에서는 '밸류업 지수'를 만들어 주식 가치를 높이는 노력을 한다고 하는데, 이보다 더 시급한 것이 '사회 이동성 지수'가 아닌가 싶다. 경제 성장이 최고의 목표이던 시절, 경제개발계획을 세우고 성장률을 중심으로 끊임없이 성과를 국민에게 내보이며 소통했듯이 말이다.

이미 이런 노력을 기울이는 국가들도 여럿이다. 캐나다는 통계청에서 사회적 이동성에 관한 각종 지표를 만들어 내고 있고, 영국은 사회적 이동성 위원회를 만들어 다양한 관련 연구를 수행하고 있다.

국가가 어떤 목표를 세우고 집중적으로 추진한다고 하면 시장경제에 반한다는 오해들을 하는데 꼭 그렇지는 않다. 사실 국가가 사회의 주요한 방향성에 대해 계획을 만든다는 것은 계획경제처럼 민간 부문을 통제하는 것이 아니라 국민들과 적극적으로 소통하겠다는 의지를 도구화하는 것이다. 현재를 점검하고 무엇을 목표로 할지를 고심하기 위함인데, 사회 이동성 지수도 그런 차원에서 모색할 필요가 있다.

어떤 항목으로 지수를 만들지에 대해 각계 의견을 모으는 과정에서는 사회적인 관심을 환기하고 정책적 중요성이 공유될 수도 있을 것이다. 공교육이 얼마나 계층이동에 기여하는지, 도시지역 외에서 진학과 양질 일자리에 얼마나 쉽게 접근 가능한지, 지방에서 청년들이 얼마나 수도권으로 유출되고 지방도시가 얼마나 공동화되고 있는지, 부모 돌봄이 어려운 아이들의 방과 후 인적 개발이 얼마나 효과적으로 이루어지는지, 출산과 육아 인프라는 지역 간에 얼마나 차이가 나는지, 명문대학들은 학생 선발에서 얼마나 계층적·지역적 다양성을 구현하는지 등 무궁무진한 항목들에 대해 사회가 머리를 맞대고 선정하는 과정에서 공감대를 형성할 수 있을 것이다.

무엇보다 개별 항목이 정해지면 앞으로 꾸준히 항목별 목표를 설정하고 달성 여부를 체크하면서 우리나라가 사회적 이동성을 높이려는 의지가 얼마나 강하고, 어떤 진전을 보이는지를 모든 국민과 공유하게 될 것이다.

이젠 대한민국호가 다시 닻을 올리고 앞으로 나아가게 할 바람을 일으켜야 할 때다. 그런데 그 바람은 한 사람 한 사람의 마음을 일으켜야 불기 시작한다. 나라가 어디를 향할지 방향성을 분명히 하고 공감대를 만드는 것이 첫걸음이다.

껍데기를 벗어 던져야
마침내 찾아올 희망

근래 우리나라가 겪고 있는 어려움을 지켜보면서 '탈피'란 말이 머리를 떠나지 않는다. 꽃게와 같은 갑각류는 성장 과정에서 탈피를 거듭하는데, 그것은 입던 옷을 벗어젖히듯 경쾌한 과정이 아니다. 탈피 과정에서 죽기도 하고, 탈피 직후엔 개체가 아주 연약하기 때문에 천적에게 잡아 먹히기 십상이다.

그러나 위험하다고 탈피를 미루기만 한다면 확실한 죽음이 기다릴 뿐이다. 개체가 성장하면서 딱딱하고 신축성 없는 껍질을 벗어나 더 큰 골격을 발전시켜야 주변 환경 변화에 적응하는 몸을 만들어 생존할 수 있기 때문이다.

한국경제는 예전처럼 주변을 매료시키는 빛을 더 이상 발하지 못하고 있다. 사회의 효율과 의욕이 저하하고 갈등이 고조되는 전형적인 내리막이다. 성장하는 신체를 옥죄게 된 껍데기를 과감히 벗어던지고 새로운 골격을 갖추는 중요한 개혁들을 미뤄왔기 때문이다. 경제 용어로 표현한 냉철한 진단은 '생산성 위기'다. 개인과 기업의 역량, 그리고 그 역량을 맘껏 발휘할 수 있도록 하는 시스템 모두 뒤처지고 있는 것이다.

정신을 바짝 차리고 이 국면을 건너갈 수 있을지, 여기서 무릎이 꺾여 주저앉을지 아무도 단언하지 못한다. 그러나 이 어려움을 진심으로 극복하고자 한다면 유일한 해법은 성장을 억압하는 병목 지점을 정확히 파악해 뚫어내는 것이다. 나는 그것이 우리 시대의 급소라고 생각한다.

이 책에서 나는 그 병목들을 오래 관찰하고 고민한 내용을 펼쳐놓았다. 딱딱하게 굳어져 한국경제의 활력을 빼앗고 성장을 옥죄는 껍데기들이다. 구체적인 정책으로 이뤄진 껍데기도 있지만, 사회가 지향해야 하는 방향성이 예전 관점으로 굳어버린 껍데기도 있다.

무엇보다 과거 국가주도발전 공식의 단점이 적체된 껍데기가 심각하다. 정치인이나 공무원처럼 책임 맡은 이들이 개혁에 집중하고 헌신하기보다 특권 의식과 안이함으로 민간 부문을 거느리려 드는 오랜 관성 말이다.

정치와 경제, 그리고 이 두 영역의 접면에서 전면적인 개혁이 이루어져야 할 필요성과 탈피의 고통을 압도할 정도의 희망에 많은 이들이 공감하고 마음을 모을 수 있기를 진심으로 바라마지 않는다.

콜드 케이스

지은이   윤희숙

2025년 2월 3일 초판 1쇄 발행
2025년 2월 14일 초판 2쇄 발행

책임편집   김창한
기획편집   선완규 김창한
펴낸곳   천년의상상
등록   2012년 2월 14일 제2020-000078호
전화   031-8004-0272
이메일   imagine1000@naver.com
블로그   blog.naver.com/imagine1000

ISBN   979-11-90413-90-9 (03320)